Bring Concept Into Reality
Industry 4.0 cases study in China

落地

——从工业 4.0 到中国制造 2025

MIR 睿工业 冯晋中 管军◎编著

图书在版编目（CIP）数据

落地：从工业4.0到中国制造2025 / 冯晋中，管军编著. －北京：机械工业出版社，2016.12

ISBN 978-7-111-55630-5

Ⅰ. ①落… Ⅱ. ①冯… ②管… Ⅲ. ①制造工业－研究－中国 Ⅳ. ①F426.4

中国版本图书馆CIP数据核字(2016)第296569号

机械工业出版社（北京市百万庄大街22号 邮政编码 100037）

策划编辑：邢海涛 责任编辑：何发 设计：夏玉良 王丽

北京铭成印刷有限公司印刷

2017年1月第1版第1次印刷

147 mm × 210 mm · 7.625印张 · 142千字

标准书号：ISBN 978-7-111-55630-5

定 价：45.00元

凡购本书，如有缺页、倒页、脱页、由本社发行部调换

电话服务	网络服务
服务咨询热线：010-88361066	机 工 官 网：www.cmpbook.com
读者购书热线：010-68326294	机 工 官 博：weibo.com/cmp1952
010-88379203	金 书 网：www.golden-book.com
封面无防伪标均为盗版	弗戈福粉商城：h5.koudaitong.com/v2/feature/1edtk3jxo

共同的期待

王海滨

西门子（中国）有限公司执行副总裁、数字化工厂集团总经理

中国已进入了经济“新常态”格局，企业面临转型升级的关键时刻。制造业作为中国最重要的经济支柱，正在面临着前所未有的挑战：如何缩短产品上市时间、提高生产效率，以及大规模的生产如何能够兼顾价格和个性化的产品等。

在制造业先进企业的生产活动中，数字化工具已经嵌入到产品设计、研发、生产规划、生产工程、生产实施以及服务的整个价值链，给制造业带来了巨大的变化。全世界的制造业企业都在努力转变为数字化企业，德国主导的“工业 4.0”和中国政府启动的“中国制造2025”国家规划，其背后的共同使命就是在不断变化的工业大环境和挑战下保持竞争力，而实现这一目标的必由之路便是工业数字化。

作为推动工业生产过程电气化、自动化和数字化发展的全球领先专业厂商，西门子将为中国工业企业提供实现工业数字化的优质服务。

结合中国制造业企业不同发展层次并存的现状，西门子的数字化企业理念提供了相互支撑的四大支柱：应用数字化企业软件套件、

部署工业通信网络、全面的自动化安全和面向特定业务的工业服务。

当睿工业与西门子联系表示要出一本关于中国工业 4.0 的案例书籍时，我们感觉到这是一个展示西门子为中国制造业企业服务能力的良好机会。西门子有着全方面的数字化服务能力，从设备级一直到工厂级，可以服务于中国广大的制造业企业。因此，西门子对本书的出版给予全力的支持。

在本书中，您也将看到西门子成都工厂、蒙牛实施了数字化工厂之后带来的巨大效益。在 2015 年，我们还与全球领先的铝合金汽车零配件制造商——中信戴卡股份有限公司达成合作。西门子为中信戴卡提供了完整的数字化企业解决方案（即整合了以西门子产品生命周期管理软件 (PLM)、制造执行系统 (MES) 和全集成自动化 (TIA) 为核心的西门子数字化企业软件套件），以及相关的电气及信息化工程服务和技术支持，以帮助中信戴卡的生产企业转型为真正的数字化工厂。

数字化企业并非一个终点，它是一个持续的过程，需要企业持续不断地升级或改善自己的战略，需要站在企业价值增值流程的宏观视角上进行全面考量。每一个企业都应根据自己的能力和业务战略，来制定独特的数字化战略和路线图。数字化项目的实施应该从打造一个统一的数据平台开始，通过该平台来实现全厂的协同管理，并延伸至合作伙伴和供应商。

此外，数字化是企业转型升级的必要而非充分条件。企业竞争力的整体提升需要从企业管理流程、企业文化、人才培养等方面全方位提高。凭借其出色的创新成效以及在助力中国制造业增强数字化竞争力、培育创新等方面做出的努力，西门子已经发展成为中国社会和经济不可分割的一部分，并竭诚与中国携手合作，共同致力于实现可持续发展，为中国制造 2025 贡献力量，与中国共同成长，这是我们共同的期待！

不要仅仅成为呐喊者

冯晋中

睿工业总经理

从 2014 年开始，国内关于工业 4.0 的书籍逐渐增多，有引进翻译的，有解读的，也有本土作者的理解之作。可见工业 4.0 也逐渐深入人心，并且中国作为制造业大国也提出了中国制造 2025 的发展对策。

每一个国家都有其发展背景，因此貌似相同的发展策略，需要拨云见日，区别对待。工业 4.0 作为一个时代的代名词，实际上涵盖了众多的时代应用场景。4.0 的特征在于需求端到供给端的深度融合，因此广义的工业 4.0 它不仅仅是指工业本身，还包括智慧农业、智慧医疗、智能交通等等。

以前城市白领无法购买农村的绿色农产品，现在有了鲜蔬果品平台的众多创业者，包括大家耳熟能详的褚橙，让这成为了可能。这也是工业 4.0 时代下的一个场景。

在中国领先的医院里，在智能化之后，为了挂号浪费众多时间已成为过去，来回缴费费时费力也被智能病历卡的储值扣款功能给

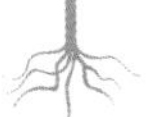

消灭。这也是工业 4.0 时代下的一个场景。

拥堵的城市，拥有了智能交通灯系统，城市的拥堵率有了大幅度的下降。这也是工业 4.0 时代下的一个场景。

狭义的工业 4.0，是以德国为代表的，具有工业 3.0 基础的国家，将其制造业提升为工业 4.0 的发展策略。

而中国制造 2025 是中国政府为了将现在的制造大国状态提升为制造强国状态，与德国、美国等工业强国进行新一轮竞争而采取的应对之策。中国的制造业，粗放、小散乱、产能过剩、低端的现象是普遍存在的。但同时，格力、海尔、华为等世界领先的企业也屹立其中。中国面临着多代并存，不仅有强烈的外部竞争，也有强烈的内部竞争。关于知识产权方面的著名案例，以前常听说的是外资企业起诉中国企业知识产权问题，现在不但有了中国企业起诉外资企业知识产权问题，而且有了中国企业之间的相互斗争，如格力之与美的。另外，不同代之间的企业也努力往上级攀爬，不论身处哪个 N.0，都希望能有适合自己的快速发展途径，在竞争中幸存。

我们希望，通过本书，除了在呐喊之余，能更加全面的给予案例支持，并提供优质的服务商信息，让从 1.0 到 3.0 的不同阶段的企业都能找到自己升级的恰当技术方式。

一次有价值的邂逅

肖捷

机械工业信息研究院副总工程师

与睿工业的这次合作来源于一次邂逅，这次邂逅让睿工业和机械工业出版社相互吸引。机械工业出版社是中国最为知名的技术经管类书籍出版社，在中国享有着极高的声誉，很长时间引领着中国图书发展的方向，并成为市场化最为成功的出版社之一，为此也被哈佛大学收入了管理经典案例。而睿工业作为一家坚持在工业自动化领域耕耘的咨询公司，低调而坚韧，为业内诸多世界 500 强服务，诸如西门子、ABB、施耐德、GE 等，同时也为国内知名的企业服务，如中石油、中控、正泰等等。经过低调的深耕，睿工业已经成为业内事实上的隐形冠军。

作为引领国内经管类图书出版潮流的机械工业出版社，2014 年成功地引进了《工业 4.0 即将来袭的第四次工业革命》一书，并在市场上获得了极大的成功。截止本书成稿之时，已经累计印刷了 12 次，销量超过了 20 万册。但是，舶来的是德国的 4.0，在中国还

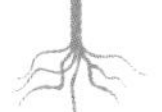

需要中国的工业 4.0，即中国制造 2025，如何将工业 4.0 转变为中国制造 2025，如何让中国制造 2025 在中国的企业当中落地生根开花结果，是一个现实的问题。市面上也不乏中国制造 2025 的书籍，但是总觉得与企业的实际需求隔了层膜。

睿工业作为以市场研究为主营业务的自动化咨询公司，对业内客户有着天然的敏感性和接地感，能把握厂商的脉搏也能感知企业读者的需求，因此在案例的编排上也特别符合行业的特点。在此，睿工业的专业性也可见一斑。

这样的邂逅，让双方互相吸引，并携手策划了这样一本以中国制造 2025 落地案例为主旨的书籍，作为《工业 4.0 即将来袭的第四次工业革命》的续集，一引进一原创，一德国一中国，一理论一实践，两者相互呼应。

希望通过本书，能给予中国的制造业企业一些参考。如果有读者说，有个案例对我来说有参考作用，那我们就欣慰了。

希望这是一次成功的邂逅。

目录

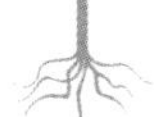

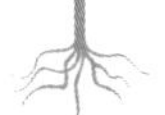

第一章·取势

这个势就是趋势。趋势不是潮流，而是市场发展规律。潮流是人为的，趋势是不可能随着人的意愿而改变的。企业只有适应它，不能阻碍它。

工业4.0是基于大规模定制化的客户需求，是“势中势”，是目前的热点，俗称“风口”，中国的企业必须“取之”方可事半功倍。

工业4.0是风口

企业是市场的产物，市场是由消费者所决定的。如果企业失去了消费者就失去了市场，失去了市场也就没有了企业，所以不管企业有多大规模，老板有多大的能耐，也不要与市场去抗衡，再大的企业也斗不过市场。这个规律不管是过去、现在还是未来都是如此，企业只有顺势而为，决不能逆势而行。

这个势就是趋势。趋势不是潮流，而是市场发展规律。潮流是人为的，趋势是不可能随着人的意愿而改变的。企业只有适应它，不能阻碍它。任何企业只要与社会生产力发展方向相违背，就会付出惨重的代价，甚至死亡。

今天，有太多的传统企业倒闭，其中的很多企业不是老板的钱不够多，也不是员工不够努力，而是忽视了社会的变化。如果一家企业忽视了社会的变化，那么企业生产再多的产品也只是废品。

现在不论哪个行业，客户的定制化需求越来越多，大规模的定制化生产已经成为一种必然的社会发展趋势。为了顺应这种趋势，中国积极响应，进行产业的升级改造。同时，工业 4.0 已经由行业领袖国家德国营造了良好的势头，创造出了工业 4.0 的潮流，并被中国广泛接受。“工业 4.0”经中国的消化吸收创新出了“中国制造 2025”，中国制造业企业正处在时代的大趋势中。

“势”的本质是顾客生活方式的大趋势，抓住这个趋势，就有机会战胜之前行业领袖的优势，如同苹果战胜诺基亚。势的次要因素是领先者创造出来的潮流，已经形成广泛消费者的偏好，但领先者创造的偏好不能满足所有消费者的偏好，小米就是在智能偏好手机的“势”中发现和满足了年轻发烧群体的偏好而一举成功。

工业 4.0 是基于大规模定制化的客户需求，是“势中势”,是目前的热点,俗称“风口”,中国的企业必须“取之”方可事半功倍。

1.1 什么是工业4.0

工业 4.0 概念源于 2011 年汉诺威工业博览会，德国业界提出该想法是想通过物联网等技术应用来提高德国制造业水平。随后，德国成立了“工业 4.0 工作组”，并于 2013 年 4 月发布了《保障德国制造业的未来：关于实施工业 4.0 战略的建议》的报告。同时，德国联邦教研部与联邦经济技术部也于 2013 年将工业 4.0 项目纳入了《德国 2020 高技术战略》的十大未来项目中。德国机械及制造商协会（VDMA）等协会还合作设立了“工业 4.0 平台”。

2013 年 12 月，德国电气电子和信息技术协会发布了工业 4.0 标准化路线图，同年召开的汉诺威工业博览会的主题“融合的工业——下一步”则很好地契合了德国自 2013 年

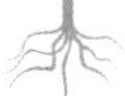

以来力推的创新概念——工业 4.0。德国总理默克尔则将工业 4.0 称作“一座里程碑”。

简单地说“工业 4.0”是以智能制造为主导的第四次工业革命（参见图 1.1），这是相对于前三次工业革命而言的。

第一次工业革命：工业革命又叫产业革命，是指资本主义由工场手工业过渡到大机器生产，它在生产领域和社会关系上引起了根本性变化，18 世纪 60 年代首先发生在英国，是从发明和使用机器开始的，到 19 世纪上半期，机器本身也用机器来生产，标志着工业革命的完成，英国之后，法、美等欧美各国也相继进行了工业革命。

第二次工业革命：第二次工业革命是从 19 世纪 70 年代开始的，科学技术的突出发展主要表现在四个方面，即电力的广泛应用、内燃机和新交通工具的创制、新通信手段的发明和化学工业的建立。

第三次工业革命：20 世纪四五十年代以来，在原子能、电子计算机、微电子技术、航天技术、分子生物学和遗传工程等领域取得的重大突破，标志着新的科学技术的到来，这次科学技术在人类历史上被称为第三次工业革命。

工业 4.0 的提出并不是孤立的，由于前三次工业革命使得人类发展进入了空前繁荣的时代，与此同时，也造成了巨大的能源、资源消耗，付出了巨大的环境代价、生态成本，急剧地扩大了人与自然之间的矛盾。进入 21 世纪，人类面临空前的全球能源与资源危机、全球生态与环境危机、全球气候变化危机的多重挑战，由此引发了第四次工业革命——工业 4.0。一场绿色工业革命，一系列生产函数发生从自然要素投入为特征，到以绿色要素投入为特征的跃迁，并普及至整个社会。

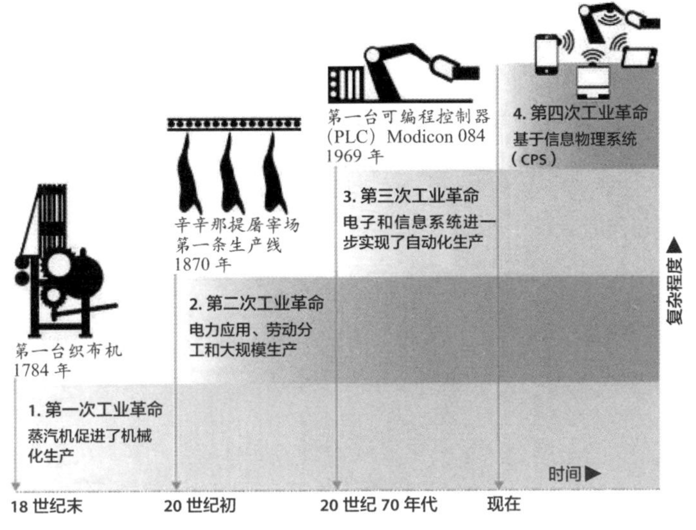

图 1.1 工业 4.0 工作小组描绘的第四次工业革命

工业 4.0 不仅仅是一个概念，它是信息、物理、系统融合到一起，是一套模式和体系。在《德国工业 4.0 战略计划实施建议》中有具体描述:在一个“智能、网络化的世界”里，物联网和服务网将渗透到所有的关键领域。智能电网将能源供应领域、可持续移动通信战略领域（智能移动、智能物流）以及医疗智能健康领域融合。在整个制造领域中，信息化、自动化、数字化贯穿整个产品生命周期、端到端工程、横向集成(协调各部门间的关系),成为工业化第四阶段的引领者，即“工业 4.0”。

为了更好地理解工业 4.0，我们可以从以下三方面进行解读：

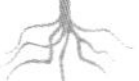

1、工业 4.0 的核心词汇

Cyber-Physical System (CPS)，即信息物理系统。CPS 的核心思想是强调虚拟网络世界与实体物理系统的融合。换言之，即强调制造业在数据分析基础上的转型。进一步讲就是将物理设备连接到互联网上，让物理设备具有计算、通信、精确控制、远程协调和自治等五大功能，从而实现虚拟网络世界与现实物理世界的融合，将网络空间的高级计算能力有效地运用于现实世界中，从而在生产制造过程中，与设计、开发、生产有关的所有数据将通过传感器采集并进行分析，形成可自律操作的智能生产系统。

2、工业 4.0 研究的主题

智能工厂和智能生产。“智能工厂”，重点研究智能化生产系统及生产流程，以及网络化分布式生产设施的实现，其核心特点是：产品的智能化、生产的自动化、信息流和物资流合一，是一个基于计算机科技，同时拥有高度协同性的生产系统，包括实时监控系统、自动化流程管理、环境监测和环境管理等系统，是未来智能基础设施的关键组成部分。“智能生产”，主要涉及整个企业的物流生产管理、人机互动以及智能技术在工业生产过程中的应用等，智能工厂是智能生产的前提。

未来智能工厂与智能生产的实现意味着，较之传统生产模式，新的生产方式将大幅提高资源利用率，产品生产过程中的实时图像显示使得虚拟生产变为可能，从而减少材料浪费，个性化定制将成为可能并且生产速度大幅提高。

3、工业 4.0 的特征

互联：互联工业 4.0 的核心是连接，要把设备、生产线、工厂、供应商、产品和客户紧密地联系在一起。包括生产设备之间的互联，设备和产品的互联，虚拟和现实的互联，万物互联。

数据：工业 4.0 连接产品数据、设备数据、研发数据、工业链数据、运营数据、管理数据、销售数据、消费者数据。从工业 1.0、2.0、3.0 演进的角度来看，这一认识不无道理，数据是区别于传统工业生产体系的本质特征。在“工业 4.0”时代，制造企业的数据将会呈现爆炸式增长态势。随着信息物理系统（CPS）的推广、智能装备和终端的普及以及各种各样传感器的使用，将会带来无所不在的感知和无所不在的连接，所有的生产装备、感知设备、联网终端，包括生产者本身都在源源不断地产生数据，这些数据将会渗透到企业运营、价值链乃至产品的整个生命周期，是工业 4.0 和制造革命的基石。

集成：工业 4.0 中的三项集成包括横向集成、纵向集成与端对端的集成。工业 4.0 将无处不在的传感器、嵌入式终端系统、智能控制系统、通信设施通过 CPS 形成一个智能网络，使人与人、人与机器、机器与机器以及服务与服务之间能够互联，从而实现横向、纵向和端对端的高度集成，集成是实现工业 4.0 的重点也是难点。

创新：工业 4.0 的实施过程是制造业创新发展的过程，

制造技术、产品、模式、业态、组织等方面的创新，将会层出不穷，从技术创新到产品创新，到模式创新，再到业态创新，最后到组织创新。历史基本上遵循着这样一个规律，信息技术越发达，创新力就越大，社会发展进步离不开创新。前面提到的互联、数据、集成特征都是为创新打基础。

转型：对于中国的传统制造业而言，转型实际上是从传统的工厂，从 2.0、3.0 的工厂转型到 4.0 的工厂，整个生产形态上，从大规模生产转向个性化定制。实际上，整个生产的过程更加柔性化、个性化、定制化，这是工业 4.0 一个非常重要的特征。在“工业 4.0”时代，物联网和（服）务联网将渗透到工业的各个环节，形成高度灵活、个性化、智能化的产品与服务的生产模式，推动生产方式向大规模定制、服务型制造、创新驱动转变。

对于工业 4.0，不同的人、不同的国家站在不同的角度有不同的看法。工业 4.0 既是生产力的革命，同时也是生产方式的革命，它是发达国家和新兴国家结构调整与产业升级的必由之路。工业 4.0 将对全球产业结构变化、全球产业链条分布、产业分工、产业竞争产生全面深刻的影响，从而使整个社会生活发生巨大的改变。

1.2 工业 4.0 背后的大国博弈

目前，以工业 4.0 为表征的第四次工业革命大潮正在席卷制造业，发达国家已经纷纷实施再工业化战略，从而保持其制造强国的地位。德国、美国、日本、中国更是以政府之力推进各自的工业 4.0 战略。未来几十年，“工业 4.0”微观上是企业竞争，宏观上则表现为大国博弈。

A）德国“工业 4.0”

德国是全球制造业中最具竞争力的国家之一，其装备制造行业全球领先。这是由于德国在创新制造技术方面的研究、开发和生产，以及在复杂工业过程管理方面高度专业化使然。德国拥有强大的机械和装备制造业、占据全球信息技术能力的显著地位，在嵌入式系统和自动化工程领域具有很高的技术水平，这些都意味着德国确立了其在制造工程行业中的领导地位。

但德国工业在软件与互联网技术领域的实力相对较弱，并且德国在网络平台方面也远远落后于美国，比如操作系统、软件、CPU、云计算等。为了保持其装备制造行业的领先地位，德国果断提出了工业 4.0 战略。2011 年德国公布了《高技术战略 2020》，2013 年 4 月，德国政府正式推出《德国工业 4.0 战略》，旨在支持工业领域新一代革命性技术的研发与创新，保持德国的国际竞争力，其实质是试图继续保持在工业领域的霸主地位。

德国和美国在工业 4.0 方面的不同之处在于，德国强调的是“硬”，即硬件制造方面；而美国强调的是“软”。即利用软件、大数据、网络等对工业进行颠覆或创新。毕竟美国是互联网经济的领军人，是这个领域当之无愧的领先者。所以，它依靠自己软件方面的优势，开展工业互联网也是必然的。而德国是制造业的强国，其硬件制造能力连美国也无法赶超。因此，德国会选择在更有优势的硬件领域来开展工业

4.0。

B）美国“工业互联网”

与德国工业 4.0 强调的“硬”制造不同，软件和互联网经济发达的美国更侧重于在“软”服务方面推动新一轮工业革命，希望借助网络和数据的力量提升整个工业的价值创造能力。可以说，美国版的工业 4.0 实际上就是“工业互联网”革命。

“工业互联网”的概念最早由通用电气于 2012 年提出，随后美国五家行业龙头企业联手组建了“工业互联网联盟”，将这一概念大力推广开来。除了通用电气这样的制造业巨头，IBM、思科、英特尔和 AT&T 等 IT 企业也纷纷加入联盟。

“工业互联网联盟”致力于发展一个“通用蓝图”，使各个厂商设备之间可以实现数据共享。该蓝图的标准不仅涉及 Internet 网络协议，还包括诸如 IT 系统中数据的存储容量、互联和非互联设备的功率大小、数据流量控制等指标。其目的在于通过制定通用标准，打破技术壁垒，利用互联网激活传统工业过程，更好地促进物理世界和数字世界的融合。

美国“工业互联网”的建立，将有助于硬件和软件开发商创建与物联网完全兼容的产品，最终结果是实现传感器、网络、计算机、云计算系统、大型企业、车辆和数以百计其他类型的实体得以全面整合，推动整个工业产业链的效率全面提升。

C）日本“智能工厂”

不同于美国更为重视信息化产业，日本始终坚定发展制造业的步伐。20 世纪七八十年代，当美国把制造业视为“夕阳工业”，热衷于把科技发展的重点置于高技术和军用技术时，日本就把主要精力投入到先进制造技术的开发和应用上，从而在国际竞争中后来居上，动摇了美国的技术领先地位。

1999 年，日本起草了《振兴制造业基础技术基本法》。2000 年，日本经济产业省制定了“国家产业技术战略”，为信息通信、机械、能源、材料、环境和航空等 13 个产业部门确定了发展目标及其所需要的战略举措。进入 21 世纪，日本首相的咨询机构“制造技术恳谈会”向政府提交的报告强调，制造业是日本的生命线，没有制造业就没有信息产业和软件产业。

2014 年，日本经济产业省继续把 3D 打印机列为优先政策扶持对象，计划当年投资 45 亿日元，实施名为“以 3D 造型技术为核心的产品制造革命”的大规模研究开发项目，开发世界最高水平的金属粉末造型用 3D 打印机。

最值得一提的是，日本的工业 4.0 的最大突破口就是对“人工智能”产业的探索！日本老龄化问题非常严重，日本政府在制定各种政策时就考虑给人工智能技术的企业给予优惠税制、优惠贷款、减税等多项政策支持，以解决劳动力断层问题，并支持未来的工业化生产线、工业智能化，希望借助在该产业的高投入解决劳动力断层问题。

D）中国“中国制造 2025”

从世界范围来看，工业 4.0 概念引领了全世界制造业的发展方向。其强调的工业化和智能化融合发展道路，已被我国一些制造业发达的地区率先借鉴。中国要从“制造业大国”

向“制造业强国”迈进，当然不能在这一波全球性的产业革命中落后。

而从中国自身来看，随着劳动力价格要素的上升，人口结构的变化，过去那种低质低价的“中国制造”形态必须向中高端转型。与此同时，随着城镇化的推进以及国民消费能力的上升，中国国内市场对于高端消费品的需求正在不断提升。2015 年，“赴日抢购马桶盖”成为热点话题，有些人从这一现象中看到了从“中国制造”到“中国智造”还有很多短板需要补强，但这一现象背后国人消费需求层次的提升和消费意愿的增强则很容易被人忽视。从产业发展规律来看，生产往往是滞后于需求的，当下国人消费需求的提升，更应看作是推动我国制造业转型的有利东风。只有市场需要高端产品，企业家才有动力将其千方百计生产出来。当下提出《中国制造 2025》的内外部条件，已是成熟之际。

《中国制造 2025》提出，坚持“创新驱动、质量为先、绿色发展、结构优化、人才为本”的基本方针，坚持“市场主导、政府引导，立足当前、着眼长远，整体推进、重点突破，自主发展、开放合作”的基本原则，通过“三步走”实现制造强国的战略目标：

第一步，到 2025 年迈入制造强国行列。

第二步，到 2035 年我国制造业整体达到世界制造强国阵营中等水平。

第三步，到新中国成立一百年时，我国制造业大国地位更加巩固，综合实力进入世界制造强国前列。

围绕实现制造强国的战略目标，《中国制造 2025》明确了九项战略任务和重点：

一、提高国家制造业创新能力；

二、推进信息化与工业化深度融合；

三、强化工业基础能力；

四、加强质量品牌建设；

五、全面推行绿色制造；

六、大力推动重点领域突破发展，聚焦新一代信息技术产业、高档数控机床和机器人、航空航天装备、海洋工程装备及高技术船舶、先进轨道交通装备、节能与新能源汽车、电力装备、农机装备、新材料、生物医药及高性能医疗器械等十大重点领域；

七、深入推进制造业结构调整；

八、积极发展服务型制造和生产性服务业；

九、提高制造业国际化发展水平。

《中国制造 2025》明确，通过政府引导、整合资源，实施国家制造业创新中心建设、智能制造、工业强基、绿色制造、高端装备创新等五项重大工程，实现长期制约制造业发展的关键共性技术突破，提升我国制造业的整体竞争力。

中国能否在“工业 4.0”这波浪潮中成功转型，将在很大程度上决定中国在未来世界版图的地位。对中国制造业而言，这是最好的时代，也是最严峻的时代。

德国、美国、日本等发达国家的再工业化，与中国的制造业转型升级，是走向工业 4.0 的不同路径，但目标只有一个，而且是相同的一个。

德国工业在软件，特别是互联网技术领域实力较弱，而

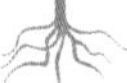

美国则在强大创新机制下催生的英特尔、微软、谷歌、亚马逊等公司为代表的高科技企业攻城拔寨下，掌握了构建信息系统的从底层 CPU 到操作系统，到应用软件，到云平台的所有环节。因此，当美国于 2012 年提出工业互联网概念时，在世界各国中德国的反应最为敏感，反应的速度也最快。如果德国先进的制造业成为了美国工业互联网中的末端，分散的末端，那么德国在未来的竞争中还有什么优势呢？仅隔 1 年，2013 年，德国基于本国的国家利益，提出了以制造业为基础自下而上的工业 4.0，并且由总理默克尔亲自推动，可见“工业互联网”对于德国的刺激。与美国是从大数据、云计算到物联网不同，德国是从硬件到软件的标准。

而日本则在人口老龄化的巨大压力下，一直致力于人工智能的研究。在几大经济体重提工业化的大背景下，日本将人工智能作为“智能工厂”的核心载体，也顺理成章。

中国在人口红利消耗殆尽时，一方面发现自己的制造业大而不强，形势可危，另一方面也发现自己在互联网技术上已经拥有了可以与美国进行对话的能力。由于制造业转型升级迫在眉睫，因此当德国在大力推广工业 4.0 时，中国才切身地感知到这不仅仅是制造业领域的竞争，更是综合国力在经济领域的综合竞争。虽然制造业不够强，但是互联网是长处，工业 4.0 正好可以用中国之长补中国之短，于是中国制造 2025 应运而生。

21 世纪可以预见的最伟大的革命和最强大的几个经济体之间的竞争，已经拉开了序幕。谁能笑到最后？可能是一个，也可能是全部。但是在这场没有硝烟的竞争中，不论谁笑到最后，可以肯定的是：

1、消费者能得到最实在的收益；

2、社会进步的速度将得到极大的提升；

3、国际合作深度嵌入；

4、将诞生新的行业巨头；

5、这是领导者的竞争。

1.3 制造产业的机遇

新一轮科技革命和产业变革的脚步渐行渐近，全球制造业已向数字化、网络化、智能化时代迈进，而中国的整体制造业水平还处于 2.0 的时代，各企业信息化、工业自动化水平发展不均衡，有些企业的工业自动化水平已经步入世界领先水平，有大量的企业还处于粗放式的生产阶段。未来，我国的制造业要工业 2.0、3.0、4.0“并联式”同步发展，从而实现跨越式发展，同时需要利用工业 4.0 中的一些新方法和新技术来更好地解决在发展工业 2.0、3.0 中所遇到的问题。

现在的中国制造业发展，正面临着一个在新技术体系推动下的新的发展机遇，中国制造企业要用融合起来的思维来考虑中国制造业的发展。借助工业 4.0 的东风，我们来看看中国制造产业发展将会有哪些机遇?

传统工业制造产业转型升级的机遇

传统工业制造产业转型升级已成为趋势。中国传统工业

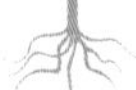

制造产业，多数行业还处于全球产业链低端，面临着产能严重过剩、资源消耗巨大、环境污染严重、产业增加值低等诸多问题。目前，“互联网 + 制造”日益成为全球制造业发展的新常态，李克强总理也提出了制订“互联网 +”行动计划，推动互联网、物联网与制造业融合。在工业 4.0 的机会下，传统工业制造产业应改变思维方式，加快推进制造智能化，促进产业结构调整，加快产业技术研发创新、商业模式创新和经营管理创新，实现传统产业的自动化、信息化、网络化和智能化，大大降低资源能源消耗和生产制造成本，大大提高生产效率和产业增加值，推进传统产业从价值链低端向价值链高端的跃升，实现产业转型升级和创新发展。

海尔的成功转型

海尔率先建成全球首个家电行业智能互联工厂——沈阳冰箱工厂，通过打造自动化、智能化生产线，搭建信息化、数字化信息系统，率先形成企业与用户需求数据无缝对接的智能化制造体系，实现内外互联、信息互联、虚实互联三大互联。

该工厂最典型的信息互联案例就是 U 壳智能配送线。该配送线颠覆传统的工装车运输方式，在行业内首次实现了在无人配送的情况下，点对点精准匹配生产和全自动即时配送。在这里，传统的 100 多米长的生产线被 4 条 18 米长的智能化生产线所替代，几百个零部件被优化成十几个主要模块，这些模块可根据用户不同需求进行快速任意组装。目前沈阳工厂可支持 9 个平台 500 个型号的柔性大规模定制，人员配置减少 57%，单线产能提升了 80%，单位面积产出提升了 100%，定单交付周期降低了47%，成为全球生产节拍最快的冰箱工厂。

过去几年，海尔在转型上的决心十分坚决，也承受了十分大的压力。在2013～2014年间，海尔累计裁掉了2.6万名员工，受到空前的舆论压力，一时间关于“海尔是不是不行了”的言论甚嚣尘上。然而2014年经营数据出来之后，人们却发现，海尔销售收入增长了11%，利润增长了39%。

智能制造产业的机遇

工业4.0的核心是智能制造，《中国制造2025》规划将“优先推进制造业数字化、网络化、智能化”摆在制造业转型提质八大行动之首，这为中国发展智能制造产业提供了难得的机遇。在未来，智能传感器、智能芯片、智能化制造设备、智能制造工业控制系统、智能管理信息系统等先进智能产品将会有广阔市场，中国可以充分发挥国内市场容量巨大的天然优势，在加大力度推进智能产品研发创新、满足国内制造产业需要的同时，积极推进智能制造产品向国际市场出口，使中国成为全球领先的、具有比较优势的全产业链智能制造产品供应商。

逆势增长的汇川

2015年是有史以来经济最糟糕的一年，众多制造业企业处于停工半停工状态，在此状态下，为制造业企业服务的智能制造企业（自动化服务供应商）也为之所累，众多大牌企业业绩大幅度下降,而深圳汇川却在这样的年景里逆势增长。2015年,面对传统行业的下滑,汇川的通用变频器、电梯一体化业务还在逆势增长,电液伺服、大传动等产品的下滑远远低于行业水平。同时,汇川的汽车电子、伺服、高端PLC实现快速增长。根据汇川2015年度业绩报告,营业收入同比增长23.54%,净利润增长21.46%。

汇川技术的逆势增长来源于该公司的提前布局,同时业务领域符合工业4.0的定义,说是逆势增长,实为顺势展翅。

新一代信息通信制造产业的机遇

《中国制造2025》提出的10大重点领域其中就有新一代信息通信技术产业,以电子信息技术为主的物联网、大数据网络是工业4.0的基础。在发展工业4.0信息化中,需要大量高质量、高稳定性、高安全性的自主可控、可信安全的具有核心技术的宽带信息基础设施、信息传输设备、云计算存储设备、大数据分析软件、智能分析软件、网络安全防护、容灾应急设备等信息通信产品,工业4.0为我国发展新一代信息通信制造产业提供了良好发展机遇。

变得高调的华为

过去一年中,华为旗下三大业务领域业绩均实现有效增长。运营商业务收入达2323亿元,同比增长21%,主要受益于全球4G网络的广泛部署;企业业务收入达276亿元,同比增长44%,在公共安全、金融、交通、能源等行业快速增长;作为2015年度最显著增长亮点,消费者业务收入达1291亿元,同比增长73%,得益于消费者对高品质手机体验需求的增长以及品牌影响力的提升。

华为 2014 年员工总人数为 16.9 万人，2015 年为 17 多万人。工资薪金及其他福利费用为 802.14 亿元，华为人均年薪 47 万元！相对上年人均 36.4 万元，涨薪高达 30%，绝对的土豪，绝对的“高富帅”！

生产性服务产业发展的机遇

服务产业也是工业发展中必不可少的一环，近年来，国务院针对生产性服务产业也出台了不少政策，随着工业 4.0 的推进、网络空间 - 物理世界融合系统的广泛覆盖，可以推进建设一批区域性国家智能制造研发中心、设计中心、制造中心、工程中心、运维服务中心、职业操作培训中心等生产性服务公共平台，为包括广大中小企业在内的全社会各类主体提供研发、设计、制造、售后运维等资源的共享服务，既促进智能制造产业的发展，也推进生产性服务产业的发展，还可通过泛在网络，让社会大众参与创新、创业，发挥社会大众的创新潜能，形成大众创新、万众创业的生动局面。

无锡 MEMS 公共技术平台

2012 年，无锡微纳产业发展有限公司、中国物联网研究发展中心、无锡华润上华半导体有限公司、中科院上海微系统与信息技术研究所、中科院微电子研究所等多家单位共同发起建设 MEMS 公共技术平台。该平台以核心技术突破、

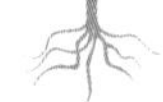

产业集聚、人才集聚、支撑物联网产业发展及应用示范为目标，将分别建设 MEMS 设计服务子平台、MEMS 工艺试验线服务子平台、MEMS 测试服务子平台。

MEMS 公共技术平台作为在无锡建成的国内首个具备设计、加工和测试服务能力于一体的 MEMS 公共技术服务平台，自 2012 年 10 月份建成和对外开放服务以来，面向全国各类 MEMS 传感器企事业单位，提供 MEMS 设计、封装和测试服务，到目前为止，已累计为全国 70 多家企事业单位、科研院所提供 1000 余次服务，获得良好的社会效益和经济效益。平台一直保持良好的发展趋势。

这个机遇是一次全球性的机遇，对于中国而言，把握住这个机遇则可以继续保持良好的成长态势，成为全球经济的领头羊；对于中国企业而言，如果把握住了这个机遇则可能发展成为各自行业的全球性的公司。

第二章·明道

在工业 4.0 的风口来临的时候，最重要的是充分意识并防范相关的风险，然后按照正确的方法论实施，是之谓“明道”。保持一个客观冷静的心态是我们做好明道的前置条件。

冷静地看工业4.0

浮躁在当代国人中是一种比较普遍存在的现象，尤其是在风口来临的时候，在资本的驱动下，浮躁更是溢于言表。国人在过去的改革开放浪潮中，肯吃苦敢冒险，推动了经济的快速发展，也获得了巨大的成长。在获得利益的同时，也有不少人付出了惨痛的代价。

在工业 4.0 的风口来临的时候，方方面面都在往其中投入资源的时候，我们需要积极的学习，同时要保持清醒的头脑，冷静地看待工业 4.0。因为工业 4.0 是目标是方向，具体是什么，该不该做，怎么做，注意什么，规避什么都是值得思考的。其中，最重要的是充分意识并防范相关的风险，然后按照正确的方法论实施，是之谓“明道”。保持一个客观冷静的心态是我们做好明道的前置条件。

前事不忘，后事之师。以史为镜，可以知兴替；以人为镜，可以知得失。在我们面对世纪性历史机遇的时候，为了少走弯路，我们有必要先回顾一下历史上的风口。

2.1 以往的风口回顾

2.1.1 互联网：从量变到质变的 20 年

小米创始人雷军曾说过：“站在风口上猪也能飞。”风口是大势，是细分行业的高速发展期。20 世纪 90 年代互联网行业就出现过若干风口。

第一次浪潮：

1994 ~ 2001 年 互联网 1.0——纯粹追随

1992 年邓小平同志南巡之后，表示要加快改革开放的步伐，大胆地试，大胆地闯。而此时，美国互联网热潮渐起，在改革开放的大背景下，中国加快了“走出去”的步伐，并且极度渴望与国外信息的交流，这是早期互联网的需求。可以说互联网引入中国，正值天时地利人和之时。

1994 年 4 月 20 号是中国互联网诞生之日，随后，由清华大学等高校、科研计算机网等多条互联网接入，国家邮电部正式向社会开放互联网接入业务，互联网服务供应商（ISP）如瀛海威等开始出现，互联网创业浪潮渐起。

1997 年开始，以人民网为代表的门户网站开始逐步创立并发展，新浪、网易、新华通讯社网站（后更名新华网）等中央级新闻门户与上海热线、武汉热线等地方门户逐步建立起来，开启了互联网的门户时代；同期，阿里巴巴、百度、盛大、天涯社区等互联网公司创立。

风险投资的环境开始改善，互联网企业的融资路径逐步明确，预示着中国互联网的第一次发展热潮即将到来。

说到风险投资就不得不说到熊晓鸽，IDG 全球常务副总裁兼亚洲区总裁、IDG 资本创始合伙人。1993 年，他协助 IDG 创始人兼董事长麦戈文先生在中国创立太平洋风险技术基金（现更名为 IDG 资本），在中国管理着 25 亿美元以上的创投资金，成为最早将西方技术风险投资实践引入中国的人。可以这么说，互联网的发展离不开风险投资，如果没有风险投资，就没有中国的新经济，就没有中国的互联网。

中国互联网第一次热潮，是由新浪、搜狐、网易等三大门户的创建开始发端。1999 年 7 月，名不见经传的中华网在纳斯达克成功上市，融资 8600 万美元；2000 年 1 月，在纳斯达克即将接近最高峰的时刻，再次发行新股，又募得令人惊讶的 3 亿美元，第一次让风险投资看到了中国市场的巨大商机，由此带动了三大门户上市热潮，以及一大批中国互联网公司的兴起。

但好景不长，2000 年继新浪、网易、搜狐三大门户先后上市后，美国股市开始崩溃，股票刚上市就一路暴跌，新浪股价一度跌到了 1.06 美元，搜狐跌至 60 美分，网易上市当天就跌破发行价，一度仅有 53 美分。曾经狂热的投资商也趋于谨慎甚至停滞。刚刚火热起来，还没有充分施展，就被硬生生拖入了互联网的冬天，两年之内可谓尸横遍野。

第一次互联网浪潮初期，中国互联网的发展尚处于摸索阶段，到 2000 年，中国网民才突破 1000 万大关。这一轮浪潮完全是由美国互联网热潮带动起来的。正是由于中国没有参与互联网技术与网络诞生的过程，这一阶段属于纯粹的追随，缺乏网络文化的演变和准备。

第二次浪潮：
2002～2008年 互联网2.0——形成特色

从2002年开始，由中国移动策动的短信SP业务带动中国互联网复苏。不但让三大门户从葬礼中复活，而且推动了一批新锐网站的崛起。携程上市，盛大上市，一批SP公司上市，中国互联网的第二次热潮开始了。

2005年8月5日百度上市，当天股价涨幅353.85%，推动这股热潮达到最高峰，博客网成功融资带动的Web 2.0热潮，成为这一轮热潮的主旋律。

热潮来得实在凶猛，Web2.0的过度投资和过度期望受到了沉重打击，风险大增，投资界开始迅速收紧口袋。传统行业的投资机会使得国内风险投资界开始转向低风险、高回报的传统领域，而宏观经济的变化则直接影响了互联网企业的收入增长。

2007年开始，网络游戏成为中国互联网第一收入来源。8月份，连业界都很陌生的完美时空成功上市，融资将近两亿，是中国互联网公司首次上市融资额的新高度，下半年尾随而上的征途、金山、久游等起码四家以上以网游“快钱”为主业的公司上市，为第三次互联网热潮开始预热，储备更充足的能量。

2007年11月6日，阿里巴巴在香港上市，首日股价收盘逼近40港元，市场价值超越250亿美元，一举超越了中国互联网原本遥遥领先的腾讯和百度两大公司，更将价值只有 20 多亿美元的老牌三大门户拉开一个数量级，中国互联网的全新格局初步奠定。阿里巴巴直接推动了中国第三次更大的互联网热潮，电子商务成为重中之重。阿里巴巴与腾讯、百度构成第一阵营，三家百亿美元级的互联网公司优势明显；50 亿美元左右的分众和巨人，以及 20 亿～ 30 亿美元的携程、新浪、网易、盛大等 6 强构成了中国互联网的第二阵营，也是在各自领域领先的互联网列强；而搜狐、九城、完美、金山等十多家互联网公司构成了第三梯队，也都各有特点。这个格局与 3 ～ 5 年前三大门户独领风骚，已经大不一样。

电子商务这一轮热潮主要来源于阿里巴巴的上市，一次超级上市，其融资额度几乎是中国互联网前十家上市公司的总和。电子商务其实是旧概念，是老模式了。但是，由于 2000 年启动的低潮，电子商务在中国始终没有成为热潮的中心，8848 成为中国互联网历史上最惨烈的失败案例，当当、卓越等也一直在边缘辛苦发展。相比之下，美国在电子商务方面一直是重点。在前四大互联网巨头中，除了 Google 和雅虎，就是两大电子商务公司 eBay 和 Amazon，占得半壁江山。所以，中国电子商务热潮是一次迟到的表演，是一次厚积薄发的展现。同时，因为电子商务与传统产业结合紧密，中国主流社会更加信任、更加踏实，有助于极大改变互联网的社会影响和社会形象。

阿里巴巴上市将中国的竞争正式推向了世界级的高度。此前，腾讯和百度在上市 2 ～ 3 年之后都先后跨越了百亿美元大关。而阿里巴巴这次亮相完全是世界级的当量，当时全球互联网四强的市场价值分别为 Google（2000 亿美元）、eBay（500 亿美元）、Yahoo（400 亿美元）和 Amazon（250 亿美元），阿里巴巴的 250 亿美元仅仅是 B2B 部分，还不包括支付宝和人们更看好的淘宝。所以，阿里巴巴上市是中国首次诞生世界级的互联网巨头（阿里巴巴昂首挺进世界前五强互联网巨头），重新定义了中国互联网的高度，极大提升投资者想象空间。2007 年，全球网民达 13 亿，普及率为 20%左右，美国、日本、韩国、欧洲等很多国家网民普及率已经达到 70%以上，而中国网民达到 1.6 亿，逼近第一的美国（2 亿），但是普及率仅仅 12%。在此时，世界级当量的互联网公司，更让人对中国互联网的未来充满更大的期望。

但相对于 Google、eBay、Yahoo 和 Amazon 等互联网巨头，这些公司都是以发达而庞大的美国为基础，面向全球布局，他们在很多国家都是该领域的第一第二。而阿里巴巴等国内网站，仅仅立足于还处于互联网发展初期的中国市场。所以，这个提前到来的世界级水平堪称忧喜参半，喜就不用说，忧的是中国互联网公司虽然价值一时很高，但是事实上还缺乏全球性的竞争力，甚至在中国市场创新方面的核心竞争力，也是非常虚弱的，需要更扎实的商业模式，更具有中国特色的创新力。

第二次互联网浪潮下，互联网企业中国特色开始逐渐呈现，在 B2B 开展的初期，一部分大型企业已经拥有自己的商务网站，在本身的商务平台上已经可以完成产品的宣传和销售，而企业本身所具有的品牌效益又大大提高了信誉，所以阿里巴巴在定位的时候是抓中小型企业而不是大型企业，在其起步阶段，网站放低会员准入门槛，以免费会员制吸引企业登录平台注册用户，从而汇聚商流，活跃市场，会员在浏览信息的同时也带来了源源不断的信息流和无限商机。

第三次浪潮：
2009 年～至今 互联网 3.0——主导创新

2009 年开始，Web2.0 的概念逐渐淡出视野，即时网络时代的到来，SNS 网站的兴起，微博、微信、各类 O2O 等即时网络应用的发展，促使中国互联网文化迎来全民创新的局面。中国的互联网发展开始呈现自己的特性，并有网民数量、宽带网民数、CN 注册域名、个人电脑等多个指标超越美国成为世界之最，腾讯、阿里巴巴等巨头公司的市值也跻身世界前列。

互联网发展经历了将近半个世纪，正在发生最大的力量转移：2008 年 3 月中国网民数量和宽带网民数同时超过美国；2011 年第二季度中国个人电脑（PC）销量首次超过美国；2011 年第三季度中国智能手机销量首次超过美国。中文网民规模继续领跑全球。

当下，中国互联网领域的创新已经可以与美国比肩，甚至开始反超美国。2014 年，中国的互联网经济营收规模高达 8706.2 亿元人民币，在 GDP 中的占比从 2013 年的 4.4% 蹿升至 7%，远超美国；2015 年，中国网络零售交易额规模跃居全球第一。毕马威 (KPMG) 的报告显示，中国电子商务市场 2020 年将达到美国、英国、德国、日本和法国电商市场规模的总和。业内专家指出，中国互联网市场生态系统及用户行为远比美国复杂，企业创新的思维也更加多元，更加立体。中国电商的出现明显体现了中国互联网弯道超车的特征。

与此同时，中国农村电子商务也呈井喷式发展势头。一方面，电商加速向乡镇下沉，各大电商及物流公司都建立了遍及全国乡镇级的商品物流配送体系，“老乡见老乡，购物去当当”的广告遍及乡村；另一方面农产品供应渠道下沉，根据阿里巴巴公布的数据，2013 年淘宝农产品成交额超过 500 亿元，有 100 万家商家在淘宝销售农产品，2014 年则翻倍达到 1000 亿元。

从 2012 年开始，中国网络游戏市场规模超越美国。2013 年中国增长率是 24%，美国是 10%，而 2014 年中国达到了 136%，而美国仅为 7%，中国全面超越美国。2014 年中国移动游戏用户规模增速为 46%，美国只有 0.04%。

社交工具微信仅仅用三年就已经成为全球第二大移动社交软件，目前已经开到了巴西、印度尼西亚和印度等几个大国。如今，微信及 WeChat（WeChat 是海外版微信的称呼）的用户已达 6 亿人，每个用户平均每天使用 3 小时；更让人惊叹的是，未来可能有十几亿人会应用腾讯系（腾讯控股、参股、合作）平台提供的购物、娱乐、金融等各类服务。古今中外，从未见过可以为十几亿用户持续提供服务和产品的企业。腾讯、阿里巴巴等极有可能成为世界上规模最大的企业。

在中国，电商、社交、支付等多个互联网领域动辄都拥有 3 亿以上的用户数量，任何一个国家都不可能有这样庞大的用户群体。这么多用户又会产生海量的数据和信息，这又为下一步云计算、大数据这一类新兴产业发展赢得任何国家无可比拟的优势与基础。单单互联网支付市场就达到 5 万多亿元市场规模。过去认为苹果天下无敌，但它更多的是硬件，硬件还是有限度、有边界的，而像互联网支付服务是无边界的。

中国互联网在众多领域已经超越或者接近美国。过去讲中国的互联网模式是复制美国，即 U2C(USA to China)，五年前这种局面就已开始改变，当中国出现某项互联网新技术后，美国人选择不做或者复制中国模式，从 U2C 变为 C2U。

从模仿到创新，中国互联网崛起原因

模仿了数十年，中国的互联网公司也正在开始不断创新，不论是从商业模式来看，还是从技术来看，创新都正在中国这片土地上冉冉升起。多方面的因素正在促使着中国互联网快速崛起，并在未来全面超越美国互联网。

1、政策支持和推动

中国政府对于互联网的重视程度可以说比世界上很多国家都要高，而以“互联网 +”为主导的经济新形势早已上升到了国家战略层面。过去以出口外贸、房地产等粗放投资拉动的中国经济也正在悄然转型，消费正在成为拉动中国经济发展的新火车头，我们从电子商务以及 O2O 带动中国的消费市场就完全可以看出，互联网对于中国的经济正在起着巨大的贡献作用。政府层面对于互联网的推动力度强，这也是中国互联网涌现勃勃生机的核心动力。

2、巨大的人口红利

很多从加拿大、澳大利亚等国家回来的好友说，这些国家地广人稀，要想搞个互联网创业，很难达成用户规模效应，这恐怕也是这些国家互联网产业发展并不迅猛的重要原因之一。但是中国就不一样了，中国人口基数庞大，互联网用户规模接近7亿，移动互联网用户规模也接近6亿，庞大的网民用户规模远远超过其他任何一个国家，这也给中国的互联网公司创造了巨大的市场空间。

举个最简单的例子，在很多西方国家，一款APP的用户数量如果能够突破百万就可以称作是小巨头，但是在中国市场，百万用户规模的手机APP并不算什么。而随着互联网以及移动互联网的用户普及率日渐提升，中国的网民数量规模还将会继续扩大。此外，人口红利还为这些互联网公司提供了充足的低价劳动力。

3、日益改善的投资环境

过去几十年，中国互联网创业最大的一个不利影响就是风投资本的缺失。不过随着中国经济的快速发展，越来越多的外资企业涌入到中国市场，中国已经连续22年位居发展中国家吸引外资的首位。此外，过去中国的互联网公司创业，几乎很难得到投资界的认可，商业模式也不被他们所赏识；而到了现在，投资界疯狂追捧中国的互联网创业，融资对于很多科技创业者来说并不是一件艰难的事情。

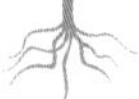

4、浓厚的互联网创业氛围

随着大众创业、万众创新政策的推进，互联网 + 的创业正在开始渗透到一二线城市，不论是社会从业者，还是在校大学生，都纷纷涌入到了互联网创业大军，互联网创业热潮高涨。在北京、深圳、上海、成都、厦门、武汉、杭州、广州、重庆等一二线城市，互联网的创业氛围与环境得到了全面的改善，创业浪潮也一波高过一波，正是在激烈的竞争环境下诞生了一个又一个新的行业独角兽。

自从 1994 年 4 月 20 日全功能接入互联网以来，中国互联网已经走过了 22 年的发展历程。中国互联网经济正从量变走向质变，中国互联网 22 年的发展，可以说在市场作用与政府作用相对较好结合方面，为中国经济树立了一个标杆。互联网不仅是信息技术乃至新商业模式的集大成者，也将更加立体化、全方位地推动社会的进步。互联网给传统企业、行业带来的是一场由内而外的思想意识上的变革。

2.1.2 光伏：两头在外，受制于人

进入 21 世纪，全球经济在高速增长，同时也带来了能源紧缺和环境污染两大社会问题，严重影响了经济的可持续性发展和社会的进步。而太阳能光伏发电具有无污染、可持续、总量大、分布广、应用形式多样等优点，受到了饱受能源紧缺困苦的世界主要经济体的高度重视。

鼓励政策出台，光伏产业一片火热

虽然光伏产业有着新能源所共有的各种优点，也是地球上唯一一种取之不尽、用之不绝的能源。但是，由于当时它成本过高导致了光伏产

业发展在很长时期只能是一种试验能源，而不能真正走入市场。在常规能源中，火力发电的固定资产投资成本为人民币4000元/千瓦，而太阳能则达到40 000元/千瓦，高昂的一次投资成本仍然让大多数的能源公司望而却步。

为了解决能源供应紧张，降低对外依存度，提升产业结构，中国政府出台了一系列政策和补贴鼓励光伏产业的发展。

2006年2月，国务院发布了《国家中长期科学和技术发展规划纲要（2006-2020年）》将太阳能发电确定为我国科学和技术发展的优先主题。

2009年，国家财政部、科技部、国家能源局出台《关于实施金太阳示范工程的通知》，对并网光伏发电项目，原则上按光伏发电系统及其配套输配电工程总投资的50%给予补助；其中偏远无电地区的独立光伏发电系统按总投资的70%给予补助；对于光伏发电关键技术产业化和基础能力建设项目，主要通过贴息和补助的方式给予支持。

随着该政策的实施，国家4万亿资金的投入，使得光伏产业成为2008年经济危机之后产业转型升级的明星，大量投资者疯狂涌入，急剧地推动相关产业的发展。

全国31个省市自治区均把光伏产业列为优先扶持发展的新兴产业；600个城市中，有300个发展光伏太阳能产业，100多个建设了光伏产业基地；2006年至2010年间，中国太阳能光伏电池产量连续5年年增长超过或接近100%；2011年中国光伏组件产能4000万千瓦，实际产量2100

万千瓦，占到全球实际产量 70%。

光伏产业的红火可见一斑。

赛维 LDK 于 2005 年 7 月注册成立，2006 年 4 月份投产，全年实现销售收入 8.48 亿元。2007 年 6 月 1 日，公司便在美国纽交所成功上市，融资达 4.86 亿美元，成为江西省第一家在美国上市的光伏企业，是中国新能源领域最大的一次 IPO。

2008 年，赛维 LDK 实现销售收入突破 120 亿元，成为最年轻的中国 500 强企业，中国科技十强企业，也是江西唯一销售收入过百亿元的民营高科技企业。2009 年，赛维 LDK 成为世界上唯一一家年销售量突破 1000MW 的光伏企业，全球市场份额接近 20%。

从投产到成为全球第一，赛维 LDK 只用了短短五年时间，当时赛维 LDK 已发展成为一家集太阳能多晶硅料及化学品、硅片、电池、组件的研发、生产、销售和光伏工程建设为一体的高新技术光伏企业。

欧盟反倾销立案，光伏产业进入寒冬

好景不长，随着市场供过于求和欧债危机加深，欧盟国家纷纷削减对光伏发电的补贴，美国也拟对光伏产品进口征收高额反倾销税。市场供求关系的重大变化，使中国光伏产业发展由盛夏急剧转入寒冬。

2011 年，美国次贷危机及欧洲债务危机接连爆发，美国政府对光伏市场的补贴政策大幅削减，欧美光伏市场容量迅速萎缩。为阻挡迅速发展的中国光伏企业抢占国际市场，美国及欧盟部分企业从 2010 以来不断申请对中国光伏企业进行反倾销调查。

2012 年 5 月 18 日，美国商务部认定中国晶体硅生产商或出口商在美国销售晶体硅产品时存在倾销行为，初裁对华太阳能电池产品征收高达 31.14% 至 249.96% 的反倾销税。

2012 年 7 月，一家德国企业 Solarworld 又向欧盟提交申诉，要求对中国光伏产品进行反倾销调查。

失去了欧洲市场的中国光伏企业，产生了大量的产能过剩，转而对内消耗库存，打价格战，造成了很多企业的二次损伤。

2012 年 8 月份起，由于接连遭受到欧美的双反压力，中国光伏产业一片萧条，大部分厂家停产。工信部数据显示，2012 年中国 1/3 光伏企业处于停产半停产状态，多家企业倒闭，以多晶硅为例，从 2011 年 9 月开始，80% 中国企业停产，影响波及整个行业超过 500 亿元投资，造成失业人数超过 5000 人。

赛维 2012 年第四季财报显示，其第四季度净销售额为 1.359 亿美元，同比下降 67%。第四季度公司净亏损额已达 5.17 亿美元，这已是赛维连续第七个季度业绩亏损。而且成为各家已披露上年业绩的光伏公司中业绩最糟糕的巨头。

比亏损更为紧迫的问题，是不断扩大的债务压力。财报显示，截至 2012 年底，赛维 LDK 拥有现金和现金等价物 9830 万美元，短期借款、到期的长期贷款以及票据为 20.9

亿美元，总资产为 52.75 亿美元，但其总负债却已高达 54.2 亿美元，资产负债率上升至 102.7%，处于事实上的资不抵债境地。这意味着赛维 LDK 随时可能面临破产风险。

为了对抗欧盟，赛维牵头推动向商务部提出申诉，要求对产自欧盟的多晶硅进行反补贴、反倾销调查。但是在最后的决议中欧盟对江西赛维开出了高达 55.9% 的进口税率。

以赛维为主的中国光伏企业第一阵营，在与欧盟的交手中，再度失守。这结果对赛维来说，不谛于雪上加霜。

自 2006 年开始的国内光伏产业，在热闹了几年以后，随着国际竞争的逐步加剧，基本上都是以亏损而谢幕。

透过光环看光伏：技术和市场高度依赖海外

任何一个新型产业，其支撑点必须有重大基础理论或者是关键技术的突破。由于当时国内还没有掌握太阳能光伏电池所需要的多晶硅提纯技术，该技术被国外的大企业所垄断，中国在光伏发电领域的技术和应用只是处于世界的下游水平。

中国光伏行业获得了短平快的发展，采取的是“两头在外”的发展模式，即晶硅原材料的供应主要由海外控制，光伏产品的终端市场也主要由海外提供。甚至可以说是“三头在外”，中国光伏企业的主要融资渠道也在海外。由此可见，中国光伏行业的对外依存度相当高。

中国在整个太阳能光伏产业链中，组件制造由于门槛低、投资少、见效快的特点，吸引了大批生产企业，使得组件小企业众多。这也造成了国内封装产能过剩，产品质量参差不齐，且产品附加值较低，组件企业利润微薄，竞争能力弱的局面。

欧洲、美国和日本的多晶硅生产企业在长年生产电子级多晶硅的过程中积累了丰富的经验和强大的实力，在技术和产品上处于双重垄断地位。2010 年国内消费的多晶硅中有超过 50% 的数量需要依赖进口。

另一方面，当时我们在光伏产品的销售上也严重依赖海外市场。在中国生产完成后的光伏产品（主要是光伏组件）绝大部分都销往了国外，尤其是德国及其所在的欧洲市场。以中国光伏行业的“巨头”英利绿色能源、无锡尚德和天合光能为例，来自德国市场的销售额在英利绿色能源总营收中的占比高达 63.1%；虽然天合光能对德国市场的依赖相对较低（33.9%），但整个欧洲市场的销售额在其总营收中占到了惊人的 93.3%。

在各产业的快速发展历程中，中国买什么大宗商品，国际大宗商品必然涨价。钢铁行业也曾经饱尝澳洲和南美铁矿石疯狂涨价的痛苦，但钢铁行业并没有倒下，因为国内市场给了钢铁行业以缓冲的空间，而光伏产业却没那么幸运。在国际市场急剧萎缩时而国际原材料却没有同步下降，导致了光伏企业持续巨额亏损。等到国际原材料价格大幅度下降时，中国的光伏企业很多已经无法重新恢复生产了。

光伏产业的危机是行业性的危机，因为在全行业中没有企业能掌握核心技术，在两头在外的情况下，一方面销售产

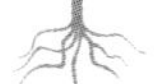

品时乙方就是“孙子”，另一方面购买原材料时又把甲方做成了乙方，完全处于被动挨打的局面。而且这是行业性的危机而非个别企业的危机，这样的风险由于存在销量为王和跟随效应，企业本身很难察觉，等意识到时已无法掉头。

核心技术不论是对企业还是行业都是立身之本。

2.1.3 船舶制造：成也萧何，败也萧何

船舶制造业不仅为航运业、海洋开发及国防建设提供技术装备，对钢铁、石化、轻工、纺织、装备制造、电子信息等重点产业发展和扩大出口也具有较强的带动作用。船舶制造业一直被国家列入工作重点的重中之重。我国在工业领域起步较晚，相较于美国、德国和英国等发达国家，我国在技术上还需加强钻研。虽然 20 世纪 90 年代初期，韩国、日本和欧洲抢占了世界前三，但由于我国具有优越的地理优势，拥有适宜造船的漫长海岸线，发展船舶制造业具有较强的后发比较优势。

WTO 启动了船舶制造业的引擎

进入 21 世纪，特别是 2001 年中国加入 WTO 之后，对外贸易快速增长。

2000 年，我国贸易进出口总值 0.47 万亿美元。

2001 年，我国贸易进出口总值 0.51 万亿美元，同比增长 7.5%。

2002 年，我国贸易进出口总值 0.62 万亿美元，同比增长 21.8%。

2003 年，我国贸易进出口总值 0.85 万亿美元，同比增长 37.1%。

2004 年，我国贸易进出口总值 1.15 万亿美元，同比增长 35.7%。

随着中国经济和对外贸易的快速发展，国家加快推进海洋开发战略，国内船舶需求呈现持续增长趋势，海洋工程装备的需求也将大幅增加，中国船舶制造业的后发优势开始体现出来。从 2000 年到 2004 年的五年间，我国的造船产量年均增长 26%。2004 年，造船产量达到 880 万载重吨，占世界造船份额达到 14%，连续第 10 年列世界第三位。

为了更大程度地促进船舶工业的发展，国家出台了一系列政策。

● 2006 年，国家出台“十一五”规划。坚持以人为本，转变发展观念，创新发展模式，提高发展质量。

● 2006 年，国务院确定三大国家级造船基地：以上海、南通为主的长江口地区，环渤海湾地区与珠江口地区。2006 年 12 月，浙江出台《浙江省船舶工业产业布局规划》，宣布投资百亿元兴建十大造船基地。舟山、温州、台州、宁波都将造船业列为重点产业，争相推出一系列扶持政策。

● 2007 年，国家制定《船舶工业中长期发展规划》。《规划》主要内容涉及船舶工业的产业发展方针和目标、技术发展、产品发展、生产组织现代化、对外合作、重大项目规划、投资管理和发展政策。

● 2008 年，国家出台《船舶工业调整和振兴规划》，明确了船舶工业的任务和发展目标。

在国家政策扶持的基础下，以中船集团 CSSC 和中国重工 CSIC 为首，长兴、龙穴、海西湾等大型现代化造船基地相继开工建设。江苏、浙江等地沿江和沿海的船厂兴建也迅速形成火热局面。

2007 年，江南长兴造船基地三条线均已实现开工建造，其中三号线首制船已交付。青岛海西湾造修船基地利用修船坞建成了首艘 10 万吨级 FPSO。中船重工天津临港造修船基地项目 2007 年年底已正式开工，一期投资 50 亿元，到 2010 年造船能力将达到 150 万载重吨，修船 100 艘。

与此同时，国内大型航运公司投资造船业的步伐也在加快。中海江都造船项目舾装码头、龙门吊和干船坞三大项目已开工，项目完成后年造船能力将达到 150 万吨。中远大连造船项目计划前期投资 38 亿元，建设年产 200 万吨的国际一流造船厂。

自“十一五”规划实施以来，中国造船业以年均 33% 的速度快速增长。

● 2005 年全国造船完工量 1212 万载重吨，同比增长 42%；新承接船舶订单 1699 万载重吨，同比增长 7%；手持船舶订单 3963 万载重吨，同比增长 18%。

● 2006 年中国船舶工业保持了持续、快速发展，呈现出又好又快的发展势头。全国造船完工量 1452 万载重吨，同比增长 20%；新承接船舶订单 4251 万载重吨，同比增长 150%；手持船舶订单 6872 万载重吨，同比增长 73%。

船舶制造业的良好发展，促使船舶配套业也呈现加速发展态势。

2004 年，日本船舶配套业产值约占全球市场的 18%；韩国船舶配套业产值约占全球市场份额为 9%，中国产值仅约占全球市场的 4%。2009 年，日本船舶配套业产值约为 11 360 亿日元，全球市场份额下降为约 14%；韩国船舶配套业产值约为 180 亿美元，全球市场份额上升为 22%；中国产值约为 620 亿元人民币，全球市场份额上升为 11%（见图 2.1）。

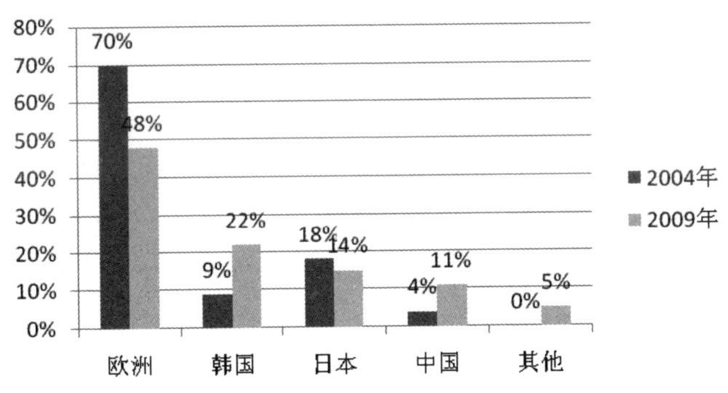

图 2.1 全球船舶配套产业产值市场份额图

2007 年造船市场几大指标屡创新高。新船完工量、新船订单、手持订单量均达到历史最高水平，合同金额也持续扩大，达到 1873 亿美元。

市场繁荣的根本动力来自于经济形势向好的背景，特别是 2002 年之后，全球经济由于新兴国家的高速发展呈现出了高增长的态势，2006 年、2007 年全球经济增长率更是分别达到 5.4% 和 4.9%。全球经济高速增长促进了全球贸易往来，也正是发展中国家的兴起，使得全球对铁矿石、煤、谷物等干散货的需求加大，从而促进了散货航运市场的繁荣，在全球经济一体化的过程中，这种趋势还在加剧，进一步形成了对散货船和集装箱船市场的新增需求。

快速成长的大连船舶重工集团

2006 年 7 月 22 日，大连船舶重工与香港茂盛投资有限公司合资成立了大连船舶重工海洋工程有限公司，年生产能力可以达到建造大型自升式石油钻井平台 4 座、半潜式钻井平台 1 座。一方面扩大海洋工程建设能力，另一方面将厂区内原来海洋工程建设场地用于生产场地。大船集团 2006 年实现工业总产值和销售收入“双超百亿”。

2007 年，承接新船订单 100 艘，总吨位 1084 万吨，平均单船吨位达 10.8 万吨，比 2006 年底的 6.5 万吨提高近一倍。所承接建造 32 万吨原油船、38.8 万吨矿砂船、18 万吨散货船、11 万吨成品油船等，都是国内乃至世界同类船型中吨位最大的。2007 年，造船产量超过 200 万载重吨，2008 年造船产量超过 300 万载重吨。

与此同时，各地的资本尤其是嗅觉灵敏的民营资本也迅速向风口靠拢。

2006 年，江苏在全国率先出台“建造中船舶抵押融资办法”，吸引民资外资涌入，造船企业新增 1000 多家。

2008 年，浙江省政府“关于加快工业转型升级的实施意见”提出，到 2012 年高新技术产业、装备制造业、先进临港工业占工业增加值比重分别达 26%、32% 和 10% 以上。而造船业与这三大主导产业联系紧密，受各种优惠政策的刺激，更多民资趋之若鹜。沿海的几个市，几乎村村有船厂。仅在台州，2007 年本地生产万吨轮 450 条，2008 年上半年台州船舶工业产值增长 52.8%，全年突破 150 亿元。当地政府预计，未来三年台州市造船能力将突破 1000 万载重吨，这个数字是浙江“十一五”规划年产量 520 万载重吨的近两倍，是国家“十一五”规划年产量 1700 万载重吨的近六成。

2008 年，江苏南通造船业的迅速崛起，占了江苏造船业的三分之二，提供了中国造船业的七分之一，世界造船业的约 5%。这使得江苏超过上海一跃成为中国造船的老大。南通市委书记罗一民曾表示，南通将致力于打造最具竞争力的世界级“船谷”。

2008 年，天津发起设立总规模 200 亿元的船舶产业投资基金，船舶产业投资基金是用直接融资方式购买大型船舶和特种船舶，建立以基金为一方主体的船舶运营模式。

2008 年中国造船工业总计完成 2881 万载重吨的造船任务，同比增长 52.2%；新承接船舶订单 5818 万载重吨，手持船舶订单 2.05 亿载重吨，上述三大指标分别占世界市场份额 29.5%、37.7%和 35.5%。已经超过日本，成为世界第二造船大国。

“造船的架子刚刚搭起来，买船的人就到了；造船资金

还没有真正投入，买船的头期款已经打进银行。”这是当时造船行业红火的表现。

尽管我国造船能力已居世界前列，但整体技术水平差、发展层级低的问题较为突出，一部分高技术、高附加值船舶仍未摆脱依赖国外设计的局面。船舶贸易主要是通过加工贸易的方式出口，船舶工业仍以赚取加工费为主，抗风险能力较弱。而且我国船舶专业设备发展相对较为落后，专业设备设计、制造能力不足，很多设备都必须从国外进口，成为我国船舶产业发展的瓶颈之一。

同时，在船舶工业高速发展的阶段，由于自主创新能力不强，增长方式粗放、低水平重复投资、产能严重过剩、海洋工程装备开发进展缓慢等矛盾也日益显现。

在世界金融危机的严重冲击下，全球贸易活动热度下降，进出口业务相对萎缩。

- 2010 年，我国贸易进出口总值 2.97 万亿美元，同比增长 34.7%。
- 2011 年，我国贸易进出口总值 3.64 万亿美元，同比增长 22.5%。
- 2012 年，我国贸易进出口总值 3.87 万亿美元，同比增长 6.2%。
- 2013 年，我国贸易进出口总值 4.16 万亿美元，同比增长 7.6%。
- 2014 年，我贸易国进出口总值 4.30 万亿美元，同比增长 3.4%。

总体上，中国贸易进出口总额较上年依然都有所增长，然而增长速度却明显下降。由此可见，中国的进出口贸易尤其是货物出口贸易由于金融危机的波及，已经受到了很明显的影响。

2008 年下半年以来，受国际金融危机影响，国际贸易需求进一步减少，航运市场持续萧条，造船市场因此受到很大冲击。船舶市场新船订单大幅减少，船东对于已签合同船舶和在建船舶纷纷提出延缓交船期、变更船型，银行对此更是收紧放贷，企业面临“交船难、接单难、融资难”，各地的中小船厂生存日趋困难。2009 年，全国承接新船订单 2659.3 万载重吨，比上年下降 56.1%；年末手持船舶订单 18591. 4 万载重吨，比上年下降 7.7%。

中小型企业在风口中没落

浙江台州造船业在 2008 年达到高峰期，当时台州造船厂全部船台爆满，从业人员有 7 万人之众。

浙江金港船业有限公司成立于 2004 年 6 月，2006 年 4 月正式投产，拥有 3 万吨级和 1.6 万吨级造船船台两座，配备 160 吨和 120 吨龙门吊各一台，配套各种设备 200 余台套。具备年建造四艘 16000 吨以上船舶的能力。

然而，金融危机的到来，导致船舶行业日渐萧条，多数银行都把船舶业定为高风险行业，拒绝担保。尤其是以出口外向型为主的特征，对银行来说风险太大，更多是偏向于大型国企。这直接造成民营船厂有单不敢接，因为自国际金融危机以来，交船前船东首付款从 80% 降至 20%，作为资本密集型行业，船舶业建造期间生产资金缺口太大。

2010 年 9 月 25 日浙江金港船业有限公司第二期保函授

信到期后，银行单方面停止给金港船业开保函，导致外国船东停止付款，索赔前两期本金加利息近 3 亿元人民币，银行因此起诉金港船业。

而金港船业 2007 年后开工的 13 条船，均由浙江本地的物产集团出保函，融资难成为金港船业进入倒闭期的主要推动因素。2012 年向法院提交破产申请。

水深火热的金港船业进入破产清算程序，也只是国内造船业破产倒闭潮中的一朵浪花。

2015 年，中国进出口总额历史性地第一次出现了下降，并且降幅达到 7%。与之对应的，2015 年 1 ~ 12 月，全国造船完工量 4184 万载重吨，同比增长 7.1%。手持船舶订单量 12 304 万载重吨，比 2014 年底手持订单量下降 12.3%。然而，在船舶市场低迷的情况下，全国前 10 家企业造船完工量占全国 53.4%，比 2014 年提高 2.8 个百分点；前 10 家企业新接订单量占全国 70.6%，比 2014 年大幅提高 15.1 个百分点，新接船舶订单向优势企业集中趋势明显。因此，许多中小型船企受困于订单“零成交”状态，纷纷改行拆船或改做小型船只、游艇等。在优胜劣汰的法则下，中小型造船企业不得不在风浪中淹没。浙江台州号称全球最大的小型船舶制造中心，有近 200 亿元民间资金退出造船行业。

从 2009 年初至 2015 年初，处于活跃状态的船厂数量由 896 家减少至 420 家，年均减少 11.9%，而 2015 年初活跃船厂数量同比减少幅度更是超过了 20%，国内相继有 20 多家船企破产。山东、江苏、辽宁、浙江等地的多家航运及造船企业或进入破产程序，或宣布合并重组。

正可谓：成也萧何败也萧何。船舶制造业随着国际贸易的兴盛而兴起，随着国际贸易的萎缩而低迷。

在国际贸易兴盛时期，全球造船业比较景气，国内造船企业一度多达数千家，很多中小造船厂纷纷上马，投机性色彩非常浓，致使船舶行业一度呈现产能过剩的严峻形势。如今，船厂产业市场集中度高，船厂的兼并重组对我国船舶未来的发展并非不是一件好事。船舶行业担负着我国舰船的研制生产任务，产品技术含量高，技术先进，兼并重组能进一步提升产业集中度，淘汰落后产能，提高抗风险能力。大型船企在资金、技术、政策等各个方面都具有显著的优势，在行业低迷的背景下，抵御风险的能力明显更胜一筹。

中小型造船企业存在规模小、资金不足、技术落后、造船品种单一、对国际海运及造船业的风险信息了解不及时等问题。这些企业中的一大部分可能会在国际贸易的风口下逐渐退出造船舞台。但如果能及时进行调整，从技术着手，发展精度造船，转变经营思想也完全可以走出低谷，并成为未来造船业一支不可忽略的重要力量。

2.1.4 新能源汽车：迎难而上，大浪淘沙

汽车工业一直是中国工业的一个痛，始终没有解决。在改革开放初期，为了能够保证中国汽车工业在技术落后的情况下避免被先进外资车企淘汰的情况出现，政府要求外资车企进入中国必须与中国的车企联姻，比如大众和一汽，大众

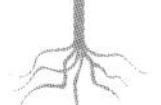

和上海汽车，雪铁龙和东风，本田和广汽，丰田和广汽。

中国政府的本意是“市场换技术”，给中国车企以时间，并在合资的过程中能学习、吸收、转换、升级，能成长起来并与外资车企一较高下。

然而事实证明，市场换技术在汽车这个行业是不成功的，老旧的改头换面的桑塔纳畅销 20 多年，很长一段时间内都是老板车，让大众赚了个盆满钵满。

随着中国经济水平的提高，汽车市场急剧增大，汽车持有量的增长带来的废弃排放成为了中国大城市大气污染的主要污染源之一。2010 年，中国每 1000 人平均 10 辆汽车，同时有 16 个城市被列入全球大气污染最严重的 20 个城市之中。而且数量庞大的汽车存量导致石油消耗巨大，目前中国的石油对外依存度已经超过了 50%。现在美国是 3 亿人，它的汽车保有量是 2.2 亿辆，美国汽车的持有量几乎是 70%，中国汽车保有量现在是 1.2 亿辆，汽车持有量还不到 10%。随着经济的发展，中国汽车持有量还有很大的增长空间，石油进口和大气污染就成为大问题。

在发动机、变速箱、底盘，燃油汽车的三大技术领域，由于材料、工艺、装备等方面的问题，一直难有突破。特别是发动机领域，让很多人都已经丧失了信心。与此同时，在能源危机的大背景下，在环境恶化的大背景下，新能源汽车概念，让中国汽车行业看到了曙光，认为这是一个“弯道超车”的绝好机会。

政府从能源安全的角度、从培育车企的角度、从升级的角度，都不能不鼓励汽车行业进行新能源汽车的尝试。

●2001年，中国启动了“863”计划电动汽车重大专项，涉及的电动汽车包括3类：纯电动、混合动力和燃料电池汽车，并以这3类电动汽车为“三纵”，多能源动力总成控制、驱动电机、动力蓄电池为“三横”，建立“三纵三横”的开发布局。

●2004年国家发改委发布的《汽车产业发展政策》中提到：要突出发展节能环保、可持续发展的汽车技术。从2005年开始，中国政府出台了优化汽车产业结构，促进发展清洁汽车、电动汽车政策措施，明确了2010年电动汽车保有量占汽车保有量的5%～10%；2030年电动汽车保有量占汽车保有量50%以上的发展目标。

●2006年财政部针对实施新消费税政策时，明确说明：对混合动力汽车等具有节能、环保特点的汽车将实行一定的税收优惠。中国从2007年起开始通过国家“863计划”组织力量研发新能源车，投入近20多亿元。

●2009年财政部和科技部联合发布《关于开展节能与新能源汽车示范推广试点工作的通知》。

●2010年发布《关于开展私人购买新能源汽车补贴试点的通知》，纯电动车每辆最高补贴6万元，插电式混合动力每辆最高补贴5万元。

●2012年，国务院发布《国务院关于印发节能与新能源汽车产业发展规划（2012-2020年）的通知》

●2013年，国家财政部、工信部、科技部和发改委发布《关于继续开展新能源汽车推广应用工作的通知》，表示将继

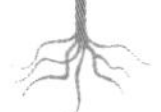

续大力推进新能源汽车的推广应用。

在政府的鼓励和竞争的逼迫下，车企纷纷投入到了新能源汽车的研制过程中。

- 2005 年科技部批准奇瑞组建“国家节能环保汽车工程技术研究中心”。
- 2008 年，奇瑞的第一款 A5-BSG 混合动力汽车正式上市。
- 2009 年的上海车展，众泰 2008EV 纯电动汽车首次出现在公众面前，融合了多项自主创新专利技术，真正实现低噪音、零排放。
- 在政府政策的推进下，菱悦 V3、力帆 320 等新能源汽车也相继问世。
- 2014 年，比亚迪迅速推出了插电式混合动力汽车“秦”，并成为了 2014 年销量最高的新能源汽车。

迎着新能源汽车的风向，不仅是整车制造厂，汽车零部件企业也在滋长着。作为传统的汽车零件供应商，万向为了配合国家新能源汽车战略，投入巨额资金去研发全球最前沿的动力电池技术。2014 年，万向以 1.49 亿美元收购了全球最优秀的新能源汽车生产厂商之一美国菲斯科公司，打通了产业链上下游，2015 年，万向与上汽签署了合作协议，成立合资公司，规划投资 50 亿元，最终形成 1 万辆新能源客车的产业能力，合力抢占国际市场。

国家发改委和工信部相关负责人粗略计算，从 2014 年开始，全国各地方有意投资及已经投资的新能源汽车规模超过了千亿元。2014 年以来，包括河南、贵州、陕西、四川、云南等中西部省份投资兴建的新能源汽车产业园区更是远远高于东部省份。

在新能源汽车购车补贴的政策支持下，我国新能源汽车产业迅速增长。2011 年全国新能源汽车保有量不足 1000 辆，到 2015 年保有量超过 40 万辆。入围工信部 2016 年公布《新能源汽车推广应用推荐车型目录》的车型有 700 多款，新能源汽车市场呈现爆发式增长态势。

然而，快速发展的同时，出现部分企业数据造假的情况，骗取财政补贴的现象也客观存在。

2013 年 8 月 6 日成立的苏州吉姆西客车制造有限公司，据工信部合格证统计数据，吉姆西 2015 年上半年电动车产量不过 25 辆，但其于年底爆发性增长，仅 12 月份即获得机动车合格证 2905 个，以 3686 辆的全年总产量收官。

然而，大多没有完工的汽车却已经安上了正式车牌。其环节只需和相关部门“协商好关系”，不用核实车辆和交易的真实性，就能直接获得车牌和行驶证。其目的是为了赶上 2015 年末补贴政策。

2015 年底，一位汽车公司负责人说，几年前从公司辞职的两个普通工人，在江苏一个地级市做电动车改装，一台车国家补贴 10 万，白送都挣钱，2015 年一年就挣了 5 个亿。

骗补手段从使用低劣电池、虚标续驶里程，上升到了购买整车改为电动车骗补后，将电池拆了出售，或用在另一批电动车上继续骗补。还有企业成立租赁公司，将车辆卖给自己的租赁公司以骗取补贴。而这些新能源汽车许多未进入销

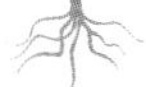

售渠道，更未上路。

消费补贴政策的初衷是培育初期市场，但长期执行消费补贴，企业容易患上政策依赖症，紧盯政策去设定产品，缺乏技术研发和产业升级的动力和压力，行业容易出现低水平盲目扩张，甚至造成新的产能过剩。

面临种种问题，前途依旧是光明的

近几年涉及国内新能源汽车发展的优惠政策不断，但无论从市场需求，还是从车企真正的参与热情角度，新能源汽车的发展都没有想象的那么快，新能源汽车的私人消费目前依然是“雷声大雨点小”。因为制约新能源汽车发展的因素还很多：新能源汽车价格问题；新能源汽车配套设施不足；新能源汽车核心技术标准缺乏。

2015 年，发改委在近期发布的《电动汽车充电基础设施发展指南（2015-2020 年）》中明确指出，到 2020 年，新增集中式充换电站超过 1.2 万座，分散式充电桩超过 480 万个，以满足全国 500 万辆电动汽车充电需求。当技术和配套设施等问题得到解决，新能源汽车的市场需求无疑将变大。从市场导向的角度，将促使汽车企业加大新能源汽车的投产规模，而产销规模的扩大无疑又会大幅拉低新能源汽车的售价，进而实现新能源汽车发展的良性循环。

同时，政府也意识到了车企骗取新能源汽车补贴的行为和恶果，2016 年 2 月财政部召开新能源汽车推广应用补助资金专项检查布置视频会议，启动新能源汽车推广应用补助资金专项检查，坚决打击各类骗补和寻租行为。

在双管齐下的措施下，相信新能源汽车的发展道路会走得更稳更正，真正用心做新能源汽车的企业也终将从市场获得回报。

以比亚迪为代表的中国汽车民营企业，在这场与人斗、与己斗的过程中，不忘初心，围绕核心竞争力，真正以打造乘用车为目的，在市场上获得了良好的表现和用户的赞誉。2015 年中国新能源汽车销售排行榜就是明证（见表 2.1）。

表 2.1 2015 年中国新能源汽车销售排行榜

排名	车型品牌	2015年（辆）	市场占比（%）	2014年排名
1	比亚迪秦	31 898	17	1
2	康迪熊猫EV	20 390	11	8
3	比亚迪唐	18 375	10	N/A
4	北汽E系列EV	16 488	9	5
5	众泰云100	15 467	8	N/A
6	上汽荣威550 PHEV	10 711	6	9
7	江淮iEV系列	10 420	6	10
8	奇瑞 eQ	7262	4	12
9	比亚迪e6	7029	4	7
10	奇瑞QQ EV	6885	4	3
11	众泰E20	6383	3	4
12	知豆D1/D2	6164	3	N/A
13	康迪K10EV(估值)	6065	3	2
14	江铃E100	5268	3	N/A
15	特斯拉ModelS（估值）	4775	3	6
16	腾势	2888	2	N/A
17	众泰TT EV	2092	1	N/A
18	长安逸动EV	1500	1	N/A
19	比亚迪e5	1426	1	N/A
20	启辰晨风	1273	1	11
21	其他车型	5967		
		188 726		

2.2 企业追风常犯的问题

风口是大势，它是市场形成的，企业或人做事符合趋势，自然也容易事半功倍。在风口中机会对所有企业来说都是公平的，任何事物和观点本身都是一个矛盾体，有利有弊，水能载舟亦能覆舟，有的企业表现的好，有的企业表现不好，有的企业只是暂时的好。我们需要探究导致企业在追风过程中常犯的问题，让后继者能更好地追风。

2.2.1 温水慢蛙，渐行渐远

企业的发展经历了很多种竞争阶段，大鱼吃小鱼是过去式，快鱼吃慢鱼是进行时，时代的变化是多么的快速。在无坚不摧、唯快不破的时代，发展不值得沾沾自喜，快速发展才是硬道理。

10 多年前，正当互联网概念在中国大行其道，笔者采访了不少网络公司的老总，许多人说起了网络公司的发展。而从互联网行业近 22 年的发展历程来看，确实在一定程度上印证了快速发展才是硬道理的说法。一些公司尽管在当时都没有盈利，也存在种种问题，但由于在稳步发展，最终活了下来，发展壮大了起来。

一部网游支撑盛大十年，网游先驱者的衰败

2001 年，盛大先后代理运营了《传奇》《新英雄门》《疯狂坦克》等多款网络游戏。2003 年得到软银 4000 万美元投资，在纳斯达克上市。

《传奇》是一种新颖的“在线角色扮演类游戏”，成千上万玩家在虚拟的游戏空间里扮演角色、纵横捭阖、乐而忘返。用行话说，《传奇》这种游戏的“黏着性”极强。玩家投入时间、金钱在虚拟世界里一争高下，而盛大在现实世界里数着钱。

2002 年，盛大收入和净利润达到 3.26 亿元和 1.39 亿元。

2003 年，盛大收入和净利润均较上年翻了近 1 倍，分别达 6.33 亿元和 2.73 亿元。

2004 年，盛大在全球拥有 3 亿注册用户，平均每天同时在线人数 230 万。

2004 年 5 月 13 日，盛大网络在纳斯达克上市。在 8 月 10 日首次公布财报之后，盛大股价一路攀升至 21.22 美元。此时盛大市值已达 14.8 亿美元，成为纳斯达克市值最高的中国概念网络股。

但是从 2002 年到 2012 年这 10 年中，盛大的主要营业收入还是依赖于《传奇》。

从 2012 年第二季度起，盛大游戏的营收就开始呈现出负增长趋势。2012 年，盛大游戏 4 个季度的同比增长率则分别为 11%、-14%、-20% 和 -20%。2013 年净营业收入为 43.45 亿元人民币，同比下降 7.9%。净利润为 15.88 亿元人民币，同比下降 10%，净利润率从 2012 的 37.4% 下降至 36.5%。

而此时，同样在美国上市核心业务为游戏的网易和巨人网络，均实现业绩增长。

在经历了连续几个季度的业绩低迷后，盛大游戏单季营收首度跌出国内游戏行业前三。根据当时数据，国内游戏行

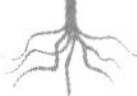

业前三名分别是腾讯、网易、畅游。曾经靠网络游戏起家的盛大，被其他公司超过。

盛大的成功始于《传奇》也败于《传奇》。没有人想到，《传奇》系列在接下来的十年里，一直是盛大游戏收入的主要贡献者。一个企业在十年间啃老本于一款游戏，由于创新严重不足，成为了慢鱼，命运也因此而起伏。

另外，盛大的管理僵化，研发项目团队常出现动荡，有媒体统计：自 2010 年至 2012 年 10 月的 34 个月内 22 名高管离职。其中不乏并购企业的创始人、跟随盛大陈天桥打天下的“老人”。这些大量企业创始人、公司元老、空降职业经理人、核心研发骨干离职，组织动荡不断，更是导致“无心创新”！

盛大虽是网游先行者，但未能掌握互联网入口——腾讯有 QQ、微信，百度有搜索、地图，阿里有淘宝、天猫，新浪也有一个微博，甚至搜狐、360 等都是威胁。没有入口，就没有流量。因此，盛大从最早最大的中国互联网公司逐渐走向平庸。

试问一个企业如果在 10 年的时间内停止不前，原地踏步，自主开发的游戏逐渐停滞，缺少众多有力的新产品，那么它将如何去应对后来居上的腾讯、网易？在移动侧分发渠道相比 360 等又不具备优势。竞争激烈程度之大令盛大不再具备十年前在桌游市场的产品和市场优势。

革新避免成为慢鱼，迎接新的空间

革新，即改革、创新。为什么要“革新”？社会是不断发展的，环境是不断变化的，在这个过程中，任何企业或多或少都存在一些不适宜之处，如组织机构臃肿、人员思想僵化、技术落后、管理混乱等各种各样的问题，这将成为企业发展的桎梏，最终难以在激烈的市场竞争中取得优势，甚至退出市场。

那么如何扭转这种不利局面呢？那就需要改革、需要创新，这种改革、创新，不是全盘否定，而是有目的、有计划、有选择、有步骤、有针对性地对企业经营过程的弊病、不适宜处进行改革、创新，只有这样企业才能持续、健康、稳定地发展、存在下去。

但是并不是所有的企业都能够很好地做到这一点。只有企业的最高领导人和他的团队都充满了斗志和执行力，才能做到和做好，尤其是需要自我革新的时刻。

如果拿盛大和腾讯做个对比的话，腾讯就是一棵树，主干是 QQ，然后不断长出类似 QQ 空间、QQ 游戏、微信等分支和树叶，反过来滋养主干。

1998 年 11 月由马化腾、张志东、许晨晔、陈一丹、曾李青五位创始人共同创立深圳市腾讯计算机系统有限公司，是中国最大的互联网综合服务提供商之一，也是中国服务用户最多的互联网企业之一。

1996 年，即时通信的鼻祖 ICQ 诞生，瞬间风靡全球。

1999 年，中国制造的 QQ 诞生了（最初叫 OICQ）。尽管被指抄袭或模仿，但终究逃不过那句老话“强龙压不过地头蛇”。QQ 凭借中文界面和更符合国人社交习惯的设计改造，一下子让中国网民找到了新大陆。

2000 年 4 月，QQ 用户注册数达 500 万。

2001 年 2 月，腾讯 QQ 在线用户成功突破 1000 万大关，注册用户数增至 5000 万。

2002 年 3 月，QQ 注册用户数突破 1 亿大关。

但是腾讯并没有止步于此，2003 年 8 月推出的“QQ 游戏”再度引领互联网娱乐体验。

马化腾承认，在游戏领域腾讯的动作比较晚，当时盛大、九城已经成绩不俗，整个市场上有百余家公司希望通过网络游戏淘到一桶金，腾讯在考察了一圈之后，首先选择了从韩国代理游戏，未见成绩，但积累到了心得：第一，马化腾明确了，这件事必须自己能够控制住进度，也就是说，研发必须自己做。二则，现在没有开发大型网游的基础，所以退而求其次，从棋牌游戏入手。

QQ 游戏从 2003 年 8 月 18 日开始试运营，在短短一年间，QQ 游戏的最高同时在线人数从其试运营第一天的 100 人发展到已超过 62 万人。2004 年 6 月 16 日，腾讯公司在香港联交所主板公开上市。

当盛大还十年如一日地抱着它的《传奇》时，腾讯快速更新迭代，以更精美的界面，更人性化的操作细节取胜。在 2005 年的斗地主版本中，QQ 可以自定义用户角色形象，侧边栏显示玩家历史战况，背景清爽。当盛大还是大量采取拿来主义、没有创新时，腾讯自主研发微创新 CF 取得成功。

2010 年，腾讯打败盛大，登顶网游市场第一的宝座。

这充分说明了一个事实：腾讯网游的成功，是产品创新的成功。

在互联网繁荣昌盛的今天，我们也应该看看一些曾经失败落籍的互联网企业，或许能够得到更多耐人寻味的东西。站在互联网风口中的企业，的确容易事半功倍。但是风总会过去。如果一直止步不前，自我束缚，那么势必会被淘汰。创新精神是企业发展的动力和永立于不败之地的基石。企业能否发展壮大，关键看其是否有一种与时俱进的创新精神。

需要重点强调的是，未来将是大鱼瞄准了刚吃或准备吃慢鱼的快鱼时代。当每个行业都有巨无霸出现，而且它也感受到了快鱼的威胁，或者自己以前也是快鱼，因此，在它的基因里已经融入了预防快鱼的片段。近年来快速发展的风投行业又加剧了这种趋势，风投行业通过自己的桥梁作用，将创新中的快鱼对接到行业资本中，让大鱼成了躲在螳螂背后的黄雀。

这种情况，在互联网行业将愈发明显。BAT 在行业内建设生态不断进行的扩充收购，让人眼花缭乱，也让创业项目更加短平快，快鱼竞争将更多地成为小鱼之间的竞争，小鱼你准备好了吗?

2.2.2 跨界追风，连累主业

在市场竞争日益激烈的背景下，行业与行业的相互渗透相互融合，已经很难对一个企业或者一个品牌清楚地界定它的“属性”，“跨界”现在已经成为国际最潮流的字眼。从传统到现代，从东方到西方，跨界的风潮愈演愈烈，已代表一种新锐的生活态度和审美方式的融合。企业跨界发展已经成

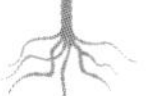

为“时尚”。

有不少企业都有良好的跨界经营历史，如美国通用电气，日本松下、佳能，印度塔塔等。一些企业的跨界“玩得有声有色”，如沃尔玛的音像产品销售占据全美市场的 20%。以半导体和随身听起家的索尼最终成为电玩业、唱片业和电影业的巨头，阿玛尼、古奇等时尚品牌开办咖啡厅、酒店，提供建筑设计服务等。

但是，跨界经营的失败案例也不在少数。

从家纺到光伏，毛巾大王“竹篮打水一场空”

自 2006 开始，光伏行业政策明朗，中国的光伏市场一片红火，加之传统行业普遍面临业绩下滑状况，令众多手握大量资金的企业选择了投资光伏行业，“毛巾大王”孚日也不例外。

孚日集团股份有限公司，主营家用纺织品，是中国规模最大、出口金额最多的专业从事中高档巾被系列产品、床上用品、装饰布系列产品生产和销售的现代化家用纺织品生产厂商。

由于家纺市场的不景气，从 2007 年孚日开始尝试“大家纺”式的一站式家用纺织品购物中心，但收效并不明显。另外，孚日股份还开辟电子商务、礼品团购等渠道，也都是发力不足。

2008 年，光伏业正值被各大行业和资本市场追捧的狂热期。孚日股份由于主业增长乏力，希望借助多元化寻找业绩新增长点，“顺应潮流”进入光伏行业。

2008 年 1 月 18 日，孚日股份公告称，将投资成立孚日光伏，拟建设规模为年产 CIS 薄膜太阳电池组件 60 MW 的生产基地，预计 2009 年第三季度投产。该公司的注册资本为 1.8 亿元，当年 3 月又增资至 5.44 亿元。

2008 年 2 月，孚日股份紧锣密鼓地再次宣布，与德国企业共同出资设立生产晶体硅太阳电池组件的合资企业，也就是当年 7 月正式成立的埃孚光伏。公开资料显示，埃孚光伏注册资本达 1750 万欧元，双方各占 50% 股权，主要生产晶体硅太阳电池组件。

为了引进技术，孚日光伏还斥资 1.12 亿欧元向薄膜太阳电池组件生产商 Johanna Solar Technology GmbH(下称“Johanna”)采购了两条 CIGSSe 薄膜太阳能电池组件生产线。2008 年底，孚日股份进一步耗资 600 万欧元收购了山东孚日控股股份有限公司所持有的 Johanna 股权。

至此，孚日在光伏市场格局已基本形成。

● 2008 年 8 月埃孚光伏 10 MW 晶体硅太阳电池组件正式投产。

● 2009 年下半年第二条 40 MW 的生产线也投产。埃孚光伏实现销售收入 1.68 亿元，净利润 416 万元。

● 2010 年，埃孚光伏实现营业收入 3.46 亿元，净利润 1745 万元。

孚日股份信心满满地一脚迈入光伏行业，试图通过光伏行业取代原有的家纺主业。事与愿违的是，由于大量企业涌

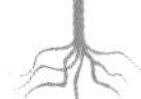

入导致市场迅速饱和，产能严重过剩，再加上孚日股份的光伏产品以出口欧洲为主，欧债危机、汇率波动、与德方合作出现问题、2011 年欧美对我国光伏业开始的强烈抵制等因素加剧了孚日光伏业务的衰落。本想依靠光伏行业转型升级的孚日股份同样深陷其中，投入的十几亿资金迟迟未见很好的收益。

2011 年埃孚光伏营业收入达 5.3 亿元，同比大增 53%，但净利润却下滑至可怜的 15.7 万元。

孚日股份光伏行业下拥有的一家全资子公司山东孚日光伏科技股份有限公司于 2012 年 5 月停工。

2012 年 9 月，孚日宣布清算并解散埃孚光伏，造成的直接损失达 2000 万～ 3000 万元。

2013 年 7 月，孚日最终宣布拟将孚日光伏 5.24 亿元注册资本减少至 2 亿元，而这被业内认为是孚日欲全面退出光伏业的最重要信号。

跨界到“别人的碗里淘金”的结果会怎样？孚日用实际行动给出的答案是：这是一桩赔本的买卖。

孚日股份的遭遇，可以说是纺织企业跨界光伏界的缩影。从雄心勃勃到大受打击，再到中途观望，乃至绝望放弃，跨界光伏企业的心态大抵如此。追求短期效益，盲目追风是企业跨界失败的主要原因。孚日股份其实在主业上可以做的事情还非常多，如继续提高生产技术、拓展电子商务等销售渠道，加强营销模式的多元化以提升品牌影响力等等。这个行业虽然分散，但随着消费者的成熟，集中度其实也在提升，或许只有提前布局、深耕主业的企业才能冲出重围。

浪莎光伏投资止步，主业兴盛也是转型之惑

传统产业竞争利润稀薄，新能源产业即便产能饱和，但还是有较高的利润，大大高过传统制造业。有这么一句玩笑话“做袜子的都去做光伏了”来形容当时光伏产业的大好景象。

2010年10月，知名袜业生产商浪莎集团宣布进军光伏产业，成立浙江安行光伏科技有限公司。主要从事太阳能光伏单晶硅拉晶、多晶铸锭及太阳能晶体硅片、太阳能电池片、太阳能电池组件的研发、生产和销售。

浙江光伏圈内盛传，翁氏兄弟为此准备了10亿元现金，将购买100台相关设备。

这样的雄心在当时中国光伏市场上并不稀奇。

2010年是光伏业在2008年金融危机之后的复苏之年：2010年初，太阳能光伏行业上游多晶硅材料价格持续上涨，至当年10月，多晶硅每公斤价格实现翻番（从年初的50美元上涨至100美元），全球市场规模高达600亿美元。

曾几何时，“光伏”二字令一些企业业主热血沸腾。

2010年与翁氏兄弟产业背景类似的浙江商人，有78家新光伏企业成立，且成立时间均在2010年9月之后。

2011年初，多晶硅、硅片、电池片、组件的价格分别下

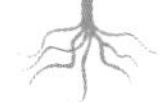

跌了约 45%、52%、53%、42%。

在这样的背景下，浪莎知难而退。翁荣弟很庆幸当时没有将投资计划付诸实施，其在完成了两幢位于浙江省义乌市经济开发区四海大道东一号浪莎工业园内的光伏大楼后，及时悬崖勒马，果断中止了庞大的光伏投资计划。

浪莎及时收步是幸运的，翁氏兄弟也重新审视传统民企的转型之误：不是去投资高新行业才叫转型，不是去投资新兴产业才叫创新。

客观地说，翁氏兄弟选择切入光伏业的动机可以理解，浪莎集团原来从事的主业——袜业的成长空间已很有限，翁氏兄弟急需有一个有想象空间的新的经济增长点，但是如果不顾原有产业背景与光伏业的差异，盲目切入，风险极大。

企业如何实现完美跨界?

跨界经营的好处，一方面在市场竞争中有更多的产品类型供选择，所以有了足够支配的资金抗击外来的冲击力；另一方面跨界满足消费者不断多元化的需求，忠诚度会提高，品牌的价值也将会得到进一步的提升。那么企业该如何完美实现跨界发展?

跨界发展需注重关联性

所谓隔行如隔山，跨界经营遇到最大的问题莫过于对新从事行业的不熟悉。孚日股份从家纺行业一头扎进光伏行业，两个风马牛不相及的产业，无论是从技术储备还是核心竞争力，孚日在光伏产业都很难做到游刃有余。而云南白药牙膏从医药向日化的跨产业崛起的成功案例也正是印证了跨界关联性的重要性。品牌跨界并非是简单的复制、嫁接，而是立足于对目标消费群共性需求的深刻理解，对品牌的核心价值与能包容品牌识别的延伸产品的确立。企业在跨界时可分为四类：同心多元化经营、水平多元化经营、垂直多元化经营、整体多元化经营。通过上下游领域融会贯通，形成行业内互为依托的生态系统，不断创新产品和服务来填补市场空白，同时挖掘商业潜力股，将多年积累的品牌实力加以延伸，为新领域保驾护航，快速创造新的商业价值。

跨界发展需把握时机

孚日股份扎进光伏企业，是因为当时光伏产业是个香饽饽，再加上政府的帮助扶持，许多企业认为那会是企业转型的重要时机，而事实却恰恰相反，光伏产业在当时是新兴产业，对于任何一个企业来说都没有一个成功案例可以去复制。朝阳产业引来企业一哄而上，而资源是有限的，有限的资源只能捕捉有限的机会，很多跨界企业的衰败违反了这个原则，盲目收购企业，盲目新上项目，陷入机会的陷阱而无法自拔。

跨界发展需优强主业，多元发展

一个企业应该有一个自己的主要行业。这个主要的行业是什么？是主业，是主导产品，是主要能力。一个企业没有

主业就好比一棵树没有根。树有主干，主干越粗越长，树就越高大，枝叶就越丰茂。西方人主张一个企业要主业突出。你的主业在哪里，就意味着你的主要资源在哪里，你的主要能力在哪里。

企业要发展，务必稳固主业。主业只有不断优化与强大，整个企业才能稳固、发展。凡是原地踏步，随时都可能面临出局的命运。优强主业是企业谋求进一步发展的策略。企业只有坚持从自身的优势出发，发挥优势资源，坚持相关多元、适度多元的发展战略，积极进行高技术含量的产品开发和市场开拓，努力培育辅业，适时进行资本运作，连横合纵，竞合共赢，才能实现跨越式发展。

企业跨界经营是一把“双刃剑”，企业不可能永远固守自己的传统领地，而是要随着市场变化调整投资方向。企业跨界经营“不是要不要的问题，而是如何做的问题”。跨界经营必然围绕企业传统优势领域展开，多元化经营不是“哪里赚钱就去哪里”，而是要按照品牌核心价值延伸的“理性方向”，做出投资选择。

2.2.3 风控欠缺，自毁长城

企业成长的过程，犹如船行江湖，一开始是在河里行驶，成长后到江里行驶，最后将驶向大海，在这个过程中需要经历各种风险的考验，如政策风险、市场风险、财务风险、法律风险、团队风险、技术风险等等，尤其是站在风口下的企业。因为风口是一个顺势而为的助力器，它会加速企业的成长。风口下的企业，就如同在顺风中行驶的船只，风越大，驾驶的技术要求越高，也就是企业对风险控制的能力要求越高。

在风口下，企业快速发展，资金风险首当其冲成为最重要的风险。

可以说资金是企业生存和发展的重要基础，被视为企业生产经营的血液。但由于受到主客观条件等多种因素的限制，企业很难做到自动对资金活动施以有效的控制。资金活动内部控制的失误，往往给企业带来致命打击。资金活动内部控制失效，轻则带来巨额损失，重则可能将企业的百年基业毁于一旦。这在互联网行业，表现的更加明显。

现金为王，现金流断裂风险需时刻警惕

前期越是顺风顺水的企业越是要未雨绸缪，否则跑的越快成为“先烈”的可能性越高。公司成长的过程也是消耗大量现金的过程。如果年比销售额呈两倍或三倍增长，公司很容易就会陷入资金不足的境地。凡客就是其中典型的一员：

凡客自2007年成立至今一直顺风顺水，还未上线就引来数百万美元的融资，并且以每年超过300%的速度发展。2008年的销售额为1.6亿元，2009年为6亿元，2011年则达到了60亿元，员工达到了13 000多人。上线五年，一直倍受资本市场的青睐，大量的融资或许能够将以往的资金问题进行掩盖。

2011年也是转折点，随着物价飞升，成本不断攀高，资金链紧张，才使得问题逐渐被暴露出来，凡客优越感不再，库存积压、IPO搁浅、质量缩水等消息将凡客从天堂拉下了地狱。生产线、资金链紧绷、巨额库存积压这三座大山一齐

向凡客压来。凡客经营管理多年却一直没有对订单和用户信息数据进行有效的整合，是导致库存暴涨的主要诱因。库存暴涨又吞噬了大量的现金。

2013 年，凡客从繁华的西二环写字楼，搬到南五环亦庄，最后凡客只剩下不到三百人。

凡客成品的倒下是多种因素共同作用的结果，但是经营不善导致资金链紧张是最直接的原因。由于互联网企业轻资产烧钱拉客户的特点，使得由于资金风险导致企业倒闭的案例特别多，但是对于其他行业而言，资金风险的控制仍然是发展的核心问题。

这就是典型经营性资金不足引发现金流断裂：企业因规模扩展过快，超过了其资金能力，从而使得存货增快、收款延迟，最终导致资金停滞。

另一大引发现金流断裂原因是投资失误：企业将大量资金拿去做其他行业投资，因投资失败，资金无法回收，最终使得现金流断裂。

庄吉集团，温州著名的服装企业，其力推的“商务休闲”概念一度大受追捧。

2006 年，庄吉集团开始进入一个新兴领域——造船业，注册资金 3 亿元人民币，并于 2007 年开工造船，承接建造的两艘 8.2 万吨货船，是温州造船业历史上最大吨位的船舶。但利益与风险向来并存，这两艘“巨无霸”并未给庄吉集团带来荣耀和利润，反而活生生地将其拖下了水。

随着 2009 年全球金融危机到来，国际航运业全线亏损，造船业进入寒冬。刚刚起步的庄吉船业遭受前所未有的打击，这两艘“巨无霸”的船东因亏损严重准备弃船。而此时，庄吉集团又遭遇银行抽贷、互保企业信任危机，这对于当时资金链严重紧绷的庄吉来说，无异于雪上加霜。

到2010年庄吉船业已投入10亿元。谁曾想造船业的寒冬太漫长，庄吉船业的资金包袱太沉重，总共欠款17亿多元，深陷财务危机。2012年11月19日，庄吉集团递交了一份《紧急报告》，希望市政府“促成到期贷款暂缓还贷并减免利息”。

2015年9月，温州市中级人民法院分别裁定受理了庄吉集团6家公司的破产重整案件，庄吉集团终放弃自救而无力回天。庄吉集团旗下6家破产公司涉及多家企业，或致银行产生300多亿元坏账。

许多企业在顺风顺水的时候，过于快速的发展和过于分散的投资，过快地消耗了资金，缺少对现金流的风险控制，即使获得了风险投资反而把自己逼上了绝路。正如柳传志所言：“把所有的边界条件都按最好的方向去设想，稍微一个环节一垮就要出事。”

在风口下快速成长的京东的现金流管理在业内独树一帜。2009年来至今，京东处于持续亏损中，年亏损额达到了20亿元以上，但是京东仍然高速发展。它依靠的是拖延供应商账期和不断的进行融资活动（2007年至2014年共进行了7轮融资）募集资金，以及股市募集资金等方式，使自己获得成长的现金流，并且主要精力始终专注于电商领域经营。

虽然京东模式受人垢病，但是其高度重视现金流，严控资金风险的方式，仍然值得业内赞许。

影响企业资金活动的因素很多，涉及面广、不确定性强，企业资金活动的管理和控制面临的困难很大。因此，控制资金风险做到以下三点是关键：

需要企业对自身业务活动做出科学的、准确的定位。

需要企业对所处的政治、经济、文化和技术等环境做出客观的、清晰的判断。

需要企业相机抉择，合理处理自身与外界的各种关系和矛盾。

业务单一市场集中，无法抵御市场下滑

聚焦于细分领域，是众多企业发家的不二法则，无可厚非。但是细分领域单一，市场又高度集中，将使得企业的风险被放大，一旦出现市场波动，将给企业带来不能承受的压力。这对于发展到一定阶段的企业，尤为重要。不少企业选择了关联性发展，要么拓展关联细分领域，要么增加新的市场，避免将鸡蛋放在一个篮子里，增强风险抵御能力。

在风口中成长起来的企业，在获得利润后尤其需要注意这点。因为风有停的时候，风不停的话也不一定能吹动越来越庞大的企业身躯。这一点在光伏行业尤为明显。

光伏发电成本远高于火电等常规发电成本，因此其需求受到补贴政策的影响极大。光伏电站的投入较大、回收期较长，银行的融资支持对

其需求的影响也较大。光伏产品的主要市场是欧洲，2009年受欧债危机影响，补贴力度减弱，同时意大利等国光伏电站项目在银行贷款受限，光伏产品需求因此受到一定抑制。而近几年光伏行业各个产业链的产能均扩张过快，目前产能严重过剩，库存增加。

2011 年，受供大于求的影响，光伏产品价格持续下跌并从终端向上游逐步传导（其中硅料价格暴跌近 60%），以至于相关企业二季度大多亏损（晶澳、尚德、赛维、中电等），部分企业甚至采取了关闭部分生产线、破产保护等措施。另外，德国经济部宣称，提议将每年的新增光伏发电安装量限制在 1 GW，则将进一步打击光伏行业。

2012 年，美国更是对中国光伏展开“双反”（反倾销、反补贴）调查，使得国内光伏企业雪上加霜，前景不容乐观。

恒基光伏成立于 2007 年，具备形成年产太阳能电池片 100 MW、组件 500 MW 的生产能力，当时在建电池片 125 MW、组件 200 MW。恒基光伏的产品质量处于中上水平，其销售市场以欧美为主，占比约为 80% ~ 90%。

2012 年，美国商务部作出初次裁决，对中国出口到美国的光伏电池和组件征收 31% 至 249.96% 的反倾销税和 2.9% 至 4.73% 的反补贴税。2013 年 6 月初欧盟委员会又对中国光伏产品征收 11.8% 的临时反倾销税。

2013 年 7 月恒基光伏申请破产。

2013 年年初，很多厂商就大幅削减甚至停止了对欧洲发货。2013 年底，欧洲市场缩水，全球由原来的欧洲市场主导，变成了多个小市场共存的局面，这给了厂商更多挑战。许多国内一线厂商及二线大厂都逐渐从欧洲主战场转移到其他新兴市场，并取得了不错的成绩。而恒基仅仅着眼于欧洲市场的生产商，以至于没能走出这场“双反”风险。

恒基光伏没能逃离这场突如其来的风险，和错误地判断市场规模有关，以至铤而走险，迎风而上。像恒基光伏这样的中小型企业在出口把关上肯定受到很大的压力，因而导致生产过剩，价格下滑，资金回笼出现问题，从而破产。

风险一直陪伴着企业的发展。有风险的地方也就是有机会的场所，危与机是并存的。在追求机会的时候，特别是在风口下，企业越是要保持清醒的头脑，重视风险的控制，以免竹篮打水一场空。

2.2.4 剑走偏锋，害人害己

每当风口来临，国家为了鼓励相关行业的发展，会针对性地给予一些政策上的支持，这些政策上的支持，往往都是带有真金白银。不但中央政府有补贴，地方政府为了支持本地企业的发展，也是提供配套资金予以相应比例的补贴。

政府补贴本意是为了促进某个行业的发展，或者是支持某些项目的攻关。政府补贴的存在也促进不少产业和企业的发展。但在这个过程中，也出现了不和谐的声音。

面对“天上掉馅饼”的政府补贴，有的企业为了暂时的眼前利益，采用不正当手段来骗取地方政府补贴，却不肯把心思花在如何增强企业自身实力上，这类企业虽然暂时可以拿到一两次地方政府补贴，不过最终也不可能发展得很好，甚至会被市场抛弃。

害己：这类企业首先危害的就是自己。

最近被传得沸沸扬扬的新能源汽车补贴案即是典型的案例。

金龙联合汽车工业（苏州）有限公司申报2015年度中央财政补助资金的新能源汽车中，有1683辆车截至2015年底仍未完工，但在2015年提前办理了机动车行驶证，多申报中央财政补助资金51 921万元。

面对行业内，愈演愈烈的骗取补贴的行为，从2016年3月份开始，国务院已把遏制骗补行为作为重点督查问题。核查工作组专家组组长董扬表示："发现一起，纠正一起，而且对于恶意骗补的企业绝不手软，应该是从公告管理来说，一旦发现，就停止公告，实际上就是停止它生产的资格。从财政部的角度，我相信他们也会有他们的处罚手段。总而言之，对于这种事情，政府各部门都非常严肃认真地对待，不会允许这样的事情继续发生。"

3月21日，工信部部长苗圩在中国发展高层论坛上严厉表态："不管有多少辆，发现一起绝对要处置一起。目前国家对新能源汽车的财政补贴没有全部到位，没补的这些钱一定扣下来不给它，已经补的这些钱一定要追回来，并且还要依法进行处置，直至取消这些企业的资质。”

3 月 28 日，央视曝光了江苏吉姆西的骗补行为。

9 月 8 日，财政部通报了 5 起骗取新能源汽车财政补贴典型案例，5 家企业都被予以了严惩。

害人：危害自己的合作伙伴

由于骗取国家补助的行为，生产销售企业需要使用车辆的企业、购买车辆的企业的配合，互相之间打好招呼，互相之间勾结做虚假的销售，因此，骗补的企业不仅会使本企业面临破产的风险，也给关联企业带来了不幸。江苏吉姆西在受到制裁的同时，其关联企业也受到了牵连。

金龙联合汽车工业（苏州）有限公司（以下简称苏州金龙）在 3 月 30 日发布公告称，公司总经理吴文文因病于 3 月 29 日下午离世。苏州金龙与被调查的吉姆西公司骗补事件有着千丝万缕的关系，其中，吉姆西公司骗取补贴的方式有贴牌代工，参与贴牌代工的企业是常州市瑞悦兴冲压件有限公司，而常州市瑞悦兴冲压件有限公司的主要客户就包括苏州金龙，另外还有南京金龙和东风扬子江。

3 月 29 日金龙汽车旗下苏州金龙总经理吴文文离世，坊间传闻为坠楼身亡。此后两天苏州金龙董事长廉小强辞职，一周后被爆出廉小强正接受组织调查。

代价不可谓不惨重。

伤行业

由于技术成熟度不够，市场培育期长，政府补贴不足以覆盖成本，诸多企业制造商为了拿补贴，就以微型纯电动汽车为突破口，制造成本甚至低于补贴，并且取得了不错的市场业绩。从 2015 年中国新能源汽车销售排行榜（表 2.1）中就可以看出，康迪熊猫、奇瑞、众泰、知豆等微型纯电动汽车占了很大的份额。

从企业的角度无可厚非，但是从产业的角度讲，大量的资金被用到了技术含量低、安全系数低、缺少核心技术的产品上，使得各厂家又陷入低水平重复建设的老路上。新能源补贴政策的初衷，是帮助其通过技术升级和扩大规模，逐步降低成本，最终走上企业盈利的市场化阶段。但若有企业通过各种方法骗走资金，剩下的资金对于那些潜心研发的企业来说必然会捉襟见肘。还有部分企业通过关系走捷径，以正常报批的方式获得资金，反而挤掉了那些真正需要补贴的项目。有部分公司虽然开始申报项目并获得了资金，但实则将资金借用给第三方或者挪用资金用于购买土地及相关税费等，都违背了国家补贴的真实意图。

在电池、电机、电控这三大核心技术上，国内企业迟迟未能突破，核心零部件的供应难题更不应忽略。目前整体制造水平又开始落后于欧美日企业，汽车行业“弯道超车”概率大大降低，不论是从宏观上还是长远上都不利于行业的发展。

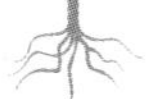

伤政策

政府补贴在培育、提升各产业的发展过程中，起到了积极的作用，造就了中国制造业的奇迹。政府颁布优惠政策，从推动企业创新的角度看，是切实可行的。伴随产业的逐步成熟，就应该靠市场机制的作用来推动消费。消费补贴政策的初衷是培育初期市场，但长期执行消费补贴，企业容易患上政策依赖症，紧盯政策去设定产品，缺乏技术研发和产业升级的动力和压力，行业容易出现低水平盲目扩张，形成新的产业过剩的状态，企业最终交出难看的成绩单。

比如，光伏行业近年为补助重点，在获得补贴的几十家光伏公司中，海润光伏颇具代表性。其 2012 年财报显示，该公司计入当期损益的政府补助达 4.538 亿元，而 2010 年、2011 年获得的补助则分别为 1100 万元和 1.7476 亿元。与补助上升相对应的是，海润光伏在 2012 年获得营业收入为 49.66 亿元，同比下降 30%，净利润为 207.6 万元，与上年同期创出的数亿元净利润，对比悬殊。

比如，新能源汽车的微型化、核心技术投入过低，大幅度降低了中国车企未来的市场竞争力。骗补的案件让作为主导部门的工信部大为愤怒。

有鉴于此，张维迎教授在博鳌亚洲论坛 2014 年年会上表示，“中国制定很多产业政策，给很多补贴，使很多企业学坏了，他就整天想办法申请政府补贴，并不真正的创新。这个是非常不好的。中国需要使得企业家对未来充满信心，一般来讲创新是一个没法预测的，现在很多产业政策、政府政策老想批准哪一种创新有前途。”

可以想象，未来政府对于各产业的补贴政策将更加慎重，甚至于有可能矫枉过正。企业要获得政策的补贴将越来越难。

几颗苍蝇坏了一锅粥，就是鲜明的写照。

端正态度走正道

企业要想长远发展，不能一味依靠“补血”，一定要端正态度，不能为了补贴而补贴，甚至按照补贴设计针对性的产品路线，而自身更应学会“造血”，只有具备强大的“造血”功能，才能取得更长远发展。

企业的“造血”功能主要是指企业在一个生产经营周期所能创造资金的能力，并且表现为企业的现金支付能力，是由企业的生产经营活动和投资融资活动共同决定的。企业要增强自身的“造血”功能，一方面要提高自身的生产经营能力，另一方面要提高财务杠杆能力和投融资能力，唯有具备两方面“技能”才会利于提高企业的综合竞争力。对于生产经营能力，企业需要掌握市场大环境并适应市场，生产符合市场需求的产品，并要突出自己的优势力量，比如在研发、创新、品牌、团队文化等方面突出自身的软硬实力；此外，投融资方面的能力提升则需要企业密切关注资本市场，并与之建立良好的关系，充分利用资本市场为自己赢得发展的机遇。

面对日益激烈的行业竞争，民族企业要想生存并发展壮大，不能把希望全部寄托在国家政策扶植上。夯实基础、苦练内功，打造过硬产品才是立于不败之地的基础。

2.2.5 风口中需冷静

从以往的几个风口，我们可以看出，不论哪个细分领域的风口，有起风的时候也有风停的时候，有行业性的危机也有企业个体的危机。风起风停之间，我们需要总结出具有共性的经验，供后来者借鉴。

互联网、光伏、船舶、新能源汽车四个行业中，互联网行业是轻资产行业，光伏、船舶、新能源汽车都属于重资产行业。由于工业 4.0 特别是中国制造 2025 更加侧重于制造业企业的转型升级，因此在总结时，我们更加聚焦于后三者，即重资产行业风口。基于对后三个行业风口的分析，我们可以得出以下共性观点：

首先，需要密切关注宏观经济。特别是在中国特色市场经济情况下，既需要关注国际经济形势的大周期，又需要关注国内政策性的调控周期。

重资产（资本）型企业与宏观经济相关度很高，大量的资本支出带来庞大的折旧和摊销，利润对产量的变化极为敏感，行业低谷时规模调整弹性小，盈利呈现高度的波动性。资金的波动一旦超出企业的承受能力就会造成企业突然死亡。

特别是外贸导向型行业。2011 年，随着欧债危机的骤然加剧，光伏产业的危机到来，一向依赖政府补贴得以迅速发展的欧洲光伏市场瞬间停滞，光伏组件价格狂跌 70%。国际波罗的海综合运费指数（BDI）在 2007 年曾经达到过 11 033 点的高位，2012 年 2 月 BDI 指数甚至一度下滑到 651 点，创造了新世纪以来 BDI 指数的新低。“船东挣不了钱，造船业就接不到订单。可持续多年的运力过剩，直接导致了船东下单量下降。再加上经济危机的影响，更是造成了目前航运业的困境，就更没有船东下订单了。”2015 年，中国进出口贸易总额出现了首次下降，对于出口导向型企业压力继续加大。

在改革开放的过程当中，中国也经历了若干次周期。从 1980 ~ 2015 年中国 GDP 增长率数据中可以看出，1989 年、1998 年、2008 年，中国经济经历了 3 次低谷，只是前两次低谷只维持了 2 年，中国就迅速走出，第三次到目前为止都没有走出。其原因是中国的经济与全球经济已经充分的融合，全球经济一体化在让中国享受 30 年发展的好处之后给了中国重重的一击。

其次，需要认清行业特点

无论是光伏行业，还是造船业、新能源汽车，都是高投入、高产出的重资产型行业，高负债率是这些行业企业的普遍特征。如，庄吉集团造船业共投资 12.72 亿元，总负债 10 亿元；赛维目前负债总额为 248.93 亿元人民币；尚德至 2016 年 3 月，到期短债高达 15.75 亿美元，可转债达 5.11 亿美元，总计 20.86 亿美元，这个数字是尚德 2011 年全年营收的七成。

在风口中，企业的发展是迅速的。如果整体的质地不够结实，如同汽车一样，如果松松垮垮速度越快越容易散架，风口中重资产、高负债的企业是祸不是福。

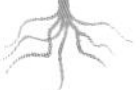

而在实际过程中，基于企业家的天然冒险天性，在高额利益的驱使下，对重资产项目进行高杠杆操作也不乏案例，但最后崩溃的结果，在造船行业、房地产行业都能找到血淋淋的案例。

再次，不要把政策的行业扶持看成所有企业的机会

风口行业，如光伏产业、新能源汽车是新兴产业，船舶业是 2009 年出台的中国十大振兴产业之一，这些行业能为地方 GDP 带来大增长的同时，又能实现“产业升级”政绩（见表 2.2）。于是，光伏项目、造船厂遍地开花，全国上百个城市建立光伏发展基地，不少地方要将造船业打造为支柱产业。重复建设、产能过剩、优质企业被稀释成为必然，在这种情况下，是进是退，企业必须要深思熟虑后再做决策。

同时，不论是政府还是企业都希望快速做大，政府为做大规模设置了诸多激励政策，而企业为规模经济和龙头地位不断投入，更为了得到

表 2.2 中国 GDP 增长情况表

年度	增长率%	年度	增长率%	年度	增长率%	年度	增长率%
1980	7.8	1989	4.1	1998	7.83	2007	14.16
1981	5.2	1990	3.84	1999	7.62	2008	9.63
1982	9.1	1991	9.18	2000	8.43	2009	9.21
1983	10.9	1992	14.24	2001	8.3	2010	10.45
1984	15.2	1993	13.96	2002	9.08	2011	9.3
1985	13.5	1994	13.08	2003	10.03	2012	7.75
1986	8.8	1995	10.92	2004	10.09	2013	7.67
1987	11.6	1996	10.01	2005	11.31	2014	7.4
1988	11.3	1997	9.3	2006	12.68	2015	6.9

政府各种优惠政策盲目扩张。企业不断膨胀，不断加速，不少企业最终失控。

第四，融资需理性

在企业发展过程中，为了扩大再生产必不可少的需要补充资金，融资成为了企业发展过程中重要的一项能力。然而，过度的使用融资能力或过度的融资，却是痛苦的开始。

对于国有企业、地方大企业，融资主要来自银行。虽然银行贷款是短期借款，但是可以循环放贷，只要运营利润高于利息，企业都能持续运作。随着经济的恶化，银行坏账率的升高，促使银行也开始主动的抽贷，并且多家银行一起挤兑式地对潜在风险对象抽贷，造成了不少本可持续发展的企业猝死。

民营企业能获得银行贷款的是少数，更多的则求助于民间融资。民间融资的成本高，企业不堪重负，因此倒闭的案例越来越多。

新兴行业的新兴企业，现在都采用了风险投资的融资方式，相对于银行贷款和民间融资，风险投资的资金是长期的，而且不需要利息，同时投资人会有资源的投入，在鼓励大众创新大众创业的今天广受欢迎。但是，风险投资的进入，会要求企业以行业领先的速度发展，如果不达标就会有对赌制约条款生效，造成对双方都不利的影响，甚至于创始人失去控制权，而企业失去活力甚至倒闭，投资方也难以收回成本。

每种融资方式都有其利弊，但是核心的一点是企业不要超出自身发展正常的需要去融资，因为资本是把双刃剑。

第五，没有金刚钻不揽瓷器活

对于善于抓住发展机遇的民营企业，进入一个资本技术密集型的行业，而后遭遇从高速增长到低速增长的转变，需要补上的不仅是融资这一课。

大量民企涌入造船业领域的低端制造部分，只能造普通的商品船，无法沾边高附加值的特种船只，导致低附加值船企占到中国船舶制造量的 60% 左右。如今，更多的台州当地船厂欲转型到海洋工程领域，然而，这并非是一般的船舶企业可以进入的领域，包括设计、动力系统、通讯设备等，民营企业掌握这些核心技术不是一朝一夕的事情，还需经过大的研发投入和长时间的技术沉淀。同样，许多光伏企业、新能源汽车企业没有掌握核心技术，产品差异化特性不明显，还是以价格作为主要竞争手段，行业增速趋缓，出现倒闭潮便是一个大概率的事件。

在竞争者大量涌入新兴行业的情况下，需要企业在注重发展速度的同时要注重培育核心竞争力。否则在风口中或风口后衰落只是时间问题。

另外，不同行业处在不同的生命周期，具有不同的特征，关键要素表现形式也不同。即便是横向一体化和纵向一体化发展，公司的管控方式、管控工具、管控力度，甚至是企业文化也应有较大的变化，以适应经营环境的变化。如，尚德的上下游纵向一体化发展，赛维的多生产基地运营，就为他们的供应链管理和成本管控带来很大的挑战；庄吉集团从服装行业发展到造船业，就需要很强的创新能力和研发管理水平。如果现有的企业能力不足以胜任，同时未来又没有足够的资源进行弥补，则企业需要压制自己的扩张冲动。

第六，居安思危，冷静应对

在风口中，在企业发展顺利的时候，需要着手准备危机预案，以便在风险来临的时候，能将损失减少到最小程度。常规的思路有：

断臂求生：针对企业的本身特点和市场的情况，以市场为导向，设计专注于核心的业务领域预案，分析可出售非核心资产与业务，谨慎采用上下游纵向一体化发展方式，以免过长的业务线把公司拖垮。

模式创新：面对行业低谷和过渡时期，很多企业是来不及做深度转型的，因此此时企业的预案应更注重于企业模式创新，利用行业资源走整合式发展之路，通过广泛的业务合作获取成本和灵活性的优势，降低对资本的依赖程度。不论是整合别人还是被别人整合，都是一种抱团取暖的方式。

自我改造：原有的经营活动和组织流程为高增长行业而设立，成本控制并不是最优先考虑的。面对萎缩的市场，企业需要重新审视整体商业环境，对竞争对手无暇顾及的市场空隙和客户价值新诉求进行重新选择，并精简组织和人员，降低成本，持续提高业务的毛利率。

逆势操作：一般的思维习惯，企业都是在需要钱的时候去融资，但资本都是嫌贫爱富，越需要钱越难得到钱。马云曾经说过：你一定要在你很赚钱的时候去融资，在你不需要钱的时候去融资，要在阳光灿烂的日子修理屋顶，而不是等到需要钱的时候再去融资，那你就麻烦了。所以，在你不需要钱的时候去融资，这就是融资的最佳时间。

2016 年 4 月 6 日，李克强总理在国务院常务会议上说：“我们要打一场制造业的‘攻坚战’，用先进标准倒逼‘中国制造’升级。”当天会议决定实施《装备制造业标准化和质量提升规划》。李克强说，坚持标准引领，建设制造强国，是结构性改革尤其是供给侧结构性改革的重要内容，有利于改善供给、扩大需求，促进产品产业迈向中高端。他强调：“要提振消费者对‘中国制造’的信心，支撑制造业提质增效，提升国际竞争力。”

可见，中国制造 2025 这个风口是实实在在的要提升中国制造业的整体水平，使得中国从制造大国成长为制造强国。中国的发展也从速度型转向质量型，因此在这个风口中企业更多的是注重发展的质量，为了速度图虚名而得实祸，相应的也必须真正地去发展核心竞争力。

2.3 制造业企业如何避免工业4.0陷阱

2.3.1 工业 4.0 的前提与驱动力

工业 4.0 的巨大影响和辐射力，已经覆盖了中国的各行各业，尤其是对于中国的制造业企业。在震惊于德国先进制造强国提出先进理念的情况下，中国的企业尤其是制造业企业开始了技术升级的自我救赎。各级政府也积极鼓励企业的工业 4.0 化。

2015 年 3 月 18 日，工信部就发布了《关于开展 2015 年智能制造试点示范专项行动的通知》，提出 2015 年启动超过 30 个智能制造试点示范项目，2017 年扩大范围，在全国推广有效的经验和模式。试点示范的目的是使智能制造体系和公共服务平台初步成形，以促进工业转型升级，加快制造强国建设进程。

《通知》明确了以智能工厂为代表的流程制造试点，以数字化车间为代表的离散制造试点，以信息技术深度嵌入为代表的智能装备和产品试点，以个性化定制、网络协同开发、电子商务为代表的智能制造新业态试点，以物流信息化、能源管理智慧化为代表的智能化管理试点，以在线检测、远程诊断和云服务为代表的智能服务试点等 6 大试点推进专项行动，基本涵盖我国工业制造各大传统和优势行业，揭开了实施制造强国战略的新篇章。

2015 年 5 月我国实施制造强国战略第一个十年行动纲领《中国制造 2025》日前经李克强总理签批国务院印发，部署全面推进实施制造强国战略。

2015 年 7 月 2 日，工信部确定并公布了 2015 年 46 个智能制造试点示范项目名单。46 个试点示范项目覆盖了 38 个行业，分布在 21 个省（自治区、直辖市），涉及流程制造、离散制造、智能装备和产品、智能制造新业态新模式、智能化管理、智能服务等 6 个类别，体现了广泛的行业、区域覆盖面和较强的示范性。

2015 年 9 月 29 日，国家制造强国建设战略咨询委员会在北京召开发布会，正式发布《重点领域技术路线图（2015 版）》。路线图包括 10 大重点领域，23 个重点方向，每个重点方向又分了若干重点产品。路线图的每个重点发展方向统一按照需求、目标、发展重点、应用示范重点、战略支撑与保障五个维度进行分析和描绘，分别形成了从 2015 年到 2025 年，展望 2030 年的详细技术路线图。

2015 年 11 月 3 日公布的《中共中央关于制定国民经济和社会发展第十三个五年规划的建议》（下称“《建议》”），提出“十三五”期间将加快建设制造强国，实施《中国制造 2025》。实施智能制造工程，构建新型制造体系，促进新一代信息通信技术、高档数控机床和机器人、航空航天装备、海洋工程装备及高技术船舶、先进轨道交通装备、节能与新能源汽车、电力装备、农机装备、新材料、生物医药及高性能医疗器械等产业发展壮大。

2016 年 3 月 20 日，工信部办公厅发布《“中国制造 2025”城市试点示范工作方案》，根据中国东、中、西部和东北地区工业基础和发展水平差异较大，制造业转型升级具有明显的多样化特征，选择一批具有代表性的城市开展试点示范，有利于通过部分地区先行试点、重点突破，为系统推进制造强国建设提供有力支持。

工业 4.0 经过中国的本土化后，形成了中国制造 2025，并且经过 2014 年的概念普及和 2015 年的政府推动，中国制造业的技术升级已经如火如荼的展开。

面对标杆的影响力，众多的普通制造业企业也难以平静。然而，就像每个风口都有它的特点和适应的群体，因此为了避免雾里看花，跌入陷阱，我们必须对工业 4.0 和对自己有清醒的认识。

工业4.0的前提

两化融合是实施工业 4.0 的前提

根据现在业界达成的主流意见，“工业 4.0”可分为三大主题内容：

一是“智能工厂”，重点研究智能化生产系统及过程，以及网络化分布式生产设施的实现。

二是“智能生产”，主要涉及整个企业的生产物流管理、人机互动以及 3D 技术在工业生产过程中的应用等。该计划将特别注重吸引中小企业参与，力图使中小企业成为新一代智能化生产技术的使用者和受益者，同时也成为先进工业生产技术的创造者和供应者。

三是“智能物流”，主要通过互联网、物联网，整合物流资源，充分发挥现有物流资源供应方的效率，而需求方则能够快速获得服务匹配，得到物流支持。

从中我们可以发现在这三方面构成的在工业 4.0 中，与智能制造关系最直接、最密切的是数字化技术、网络通信技术、信息技术、自动化技术和人工智能技术等。这些技术的应用与实践对智能制造的发展具有重要的支撑作用。

其中的核心是单机智能设备的互联，不同类型和功能的智能单机设备的互联组成智能生产线，不同的智能生产线间的互联组成智能车间，智能车间的互联组成智能工厂，不同地域、行业、企业的智能工厂的互联组成一个制造能力无所不在的智能制造系统，这些单机智能设备、智能生产线、智能车间及智能工厂可以自由动态地组合，以满足不断变化的制造需求，这是工业 4.0 区别于工业 3.0 的重要特征。

工业 4.0 的基础是信息物理融合系统（CPS），让制造业的各个环节充分地与互联网融合，形成工业互联网。未来会有很多的机器之间需要沟通、很多的产品相互之间需要沟通，这就意味着有大量的数据要产生，需要有足够的网络容量来容纳这些数据的传输。

工业互联网实现之后，数字化就成为全产业链各个环节相互合作的一种新维度，这是信息物理系统框架的信息虚拟空间的体现。数字化技术就是将许多复杂多变的信息转变为可以度量的数字、数据，再以这些数字、数据建立起适当的数字化模型，把它们转变为一系列二进制代码，引入计算机内部，进行统一处理，这就是数字化的基本过程。数字化制造技术是在数字化技术和制造技术融合的背景下，在虚拟现实、计算机网络、快速原型、数据库和多媒体等支撑技术的支持下，根据用户的需求，迅速收集资源信息，对产品信息、工艺信息和资源信息进行分析、规划和重组，实现对产品设计和功能的仿真以及原型制造，进而快速生产出达到用户要求的产品。

工业 4.0 时代，人工智能的介入、机器人的大量使用会让设计的智能化、工艺的智能化、试验仿真的智能化、生产过程的智能化、保障的智能化成为现实。这就是工业 4.0 的未来发展，而深入实施数字化工程和信息技术与制造业的融合是实施工业 4.0 的前提条件。

深入实施数字化工程和信息技术与制造业的融合的是有条件的：

- 有精益生产的意识和能力
- 有强大的 IT 系统维护能力和异常应对措施

● 有循序渐进的开展思路

我们也看到不少企业，面对竞争的压力，强力上马相关系统，在系统运行的很长一段时间之内，人员的配备却难以到位，对正常的业务开展影响极大。因为自动化和智能化的前提条件是高可靠性。如果智能系统上线运行后，由于定制化软件存在问题、设备维护不到位或者设备本身质量隐患等原因，造成产线宕机，影响产品质量，影响订单交付，影响业绩，严重的将伤害企业商誉，甚至造成资金链紧张。

总之，智能制造也是需要量体裁衣，按照正确的方法论实施。

技术创新与企业家精神是持续驱动工业4.0时代发展的保障

从工业 1.0、2.0 和 3.0 的发展历史来看，每一次的工业变革都伴随着新的技术创新出现，由于技术创新导致了传统的价值创造体系发生根本性改变，从而导致一个新时代的产生。按照马克思指出的那样，工业革命不仅仅是生产力的快速提升，同时还是生产关系的改变。如同前三次工业革命一样，技术创新在工业 4.0 时代扮演核心驱动力的作用。

“工业 4.0”的实施过程实际上就是制造业创新发展的过程，制造技术、产品、模式、业态、组织等方面的创新将会层出不穷。未来工业 4.0 的技术创新在三条轨道上进行：

一是新型传感器、集成电路、人工智能、移动互联、大

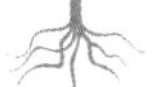

数据在信息技术创新体系中不断演进，并为新技术在其他行业的不断融合渗透奠定技术基础。

二是传统工业在信息化创新环境中，不断优化创新流程、创新手段和创新模式，在既有的技术路线上不断演进。

三是传统工业与信息技术的融合发展，它既包括信息物理融合系统（CPS）、智能工厂整体解决方案等一系列综合集成技术，也包括集成工业软硬件的各种嵌入式系统、虚拟制造、工业应用电子等单项技术突破。

目前我国工信部提出的“两化融合”以及“两化深度融合”，其目的在于促进实现自动化和信息化在工业企业的深入应用，实际上就是在加速我国制造业的工业 2.0 和 3.0 改造。对于大部分工业领域来讲，充分利用自动化及信息化技术，可以提升企业生产的产品竞争力。

九江石化在建设智能工厂过程中，将先进的信息技术与石化生产工艺最本质环节高度融合，持续推动管理创新，工业化与信息化深度融合效果逐步显现。

2014 年 7 月，九江石化智能工厂神经中枢——生产管控中心投用，实现了生产状态可视化、装置操作系统化、管理控制一体化、应急指挥实时化、基础设施集成化，集经营优化、生产指挥、装置操作、运行管理、专业支持、应急保障于一体，推动了生产运行管理的变革性提升。

九江石化建设智能工厂取得的成效表明，传统石化行业完全可以通过信息技术与石化流程型行业的深度融合，推动石化行业从传统制造向数字化、网络化、智能化制造转变，摆脱需求增速下降、行业产能过剩的困境。

除了技术层面，企业家精神是工业 4.0 的另一个核心驱动力。

企业家精神包括很多方面，在这里我们必须强调的是企图心。企图心的构建，首先离不开冒险的特质。冒险是企业家精神的天性。没有甘冒风险和承担风险的魄力，就不可能成为企业家。企业创新风险是二进制的，要么成功，要么失败，只能对冲不能交易，企业家没有别的第三条道路。

而创新是企业家精神的灵魂。一个企业最大的隐患，就是创新精神的消亡。创新是企业家活动的典型特征，从产品创新到技术创新、市场创新、组织形式创新等等。创新精神的实质是“做不同的事，而不是将已经做过的事做得更好一些”。所以，具有创新精神的企业家更像一名充满激情的艺术家。

学习可以使得企业家有着足够的智慧去面对前行的困难，因此是企业家精神的关键。学习与智商相辅相成，以系统思考的角度来看，从企业家到整个企业必须是持续学习、全员学习、团队学习和终生学习。

执著是企业家精神的本色。英特尔前总裁葛洛夫有句名言：“只有偏执狂才能生存。”在发生经济危机时，资本家可以用脚投票，变卖股票退出企业，劳动者亦可以退出企业，然而企业家却是唯一不能退出企业的人。正所谓“锲而不舍，金石可镂；锲而舍之，朽木不折”。

一位为了事业勇于面对创新的风险，同时通过学习善于面对风险，面对困难执着前行的企业家是推动工业 4.0 时代企业进步的重要保证。

现在的市场竞争，不再是粗放型，不再是集中在低端市场，除了面对跨国公司还要面对国内强劲的竞争对手，对企业家的精神层面的斗智斗勇要求更加突出。在工业 4.0 的大背景下，企业家思维的高度和执行的落地度成为了制造业企业跨越或者避免其中陷阱的重要决定力量。

企业家绝不能居安不思危，也不能丧失斗志，企业家精神不能丢。海鑫钢铁集团由于企业领导人的更替造成企业家精神的缺失，导致了海鑫集团的破产，教训不可谓不深刻。

海鑫钢铁集团兴起于李海仓的奋斗，到 2003 年海鑫集团已经发展成为资产规模超过 40 亿元的地方支柱企业。2003 年农历新年在即，李海仓在办公室突遭枪杀，在李海仓父亲的主持下，对接班没有丝毫准备的李兆会被从海外召回，受命于危难之际，成为海鑫集团的董事长。2014 年 11 月 16 日，运城市中级人民法院宣布，正式裁定受理海鑫钢铁集团 4 家债权人对海鑫集团的重整申请，标志着海鑫钢铁集团破产重整进入法律程序。

因为海鑫钢铁集团破产进入法律阶段，对海鑫家企传承的评价与分析众说纷纭，我们可以换一个角度分析。家族企业的本质是什么？家族企业是企业家的企业，是具有企业家精神的企业。什么是企业家？企业家不是老板，不是商人，是具有创新精神的人，是白手起家的人，是能发现市场商机并整合资源的人，是具有使命感的人。熊彼特最早提出企业家的本质特征是创新。家族企业是企业家的创意想象，是企业家的发现与创新之物，是企业家对家族使命的体现，对市场机会的把握。

李兆会接班时说：“公司是我父亲的，不能让它败在我手里。”十年后终于还是败在了他的手里。败的核心是企业家精神的丧失。正如李兆会自己说：“现在财富对我来说是种压力，我明白海鑫有9000多人等我开饭，我一个决策失误，会砸掉许多人饭碗。这个压力对我太大了。”因为缺少企业家精神的传承，缺少企业的历练，缺少基层的打磨，一步到位难为他了。在没有任何准备的情况下，继承一个万人钢铁企业和它的几十亿财务，对李兆会来说，对一位20出头、不具有创新精神，或者说，创新精神还在培育及未被开发阶段的接班人来说，传承企业如何能够成功？海鑫的破产及李海仓家企传承的失败，本质上是企业家精神丧失的失败。

在工业4.0时代，我们需要理解技术创新的核心驱动力，它们在工业4.0的演进过程中会扮演非常重要的角色，同时，期望把握工业4.0时代发展机会的企业家，不要放弃企业家精神，这毫无疑问是成功的必要条件。

技术创新与企业家精神同为持续实施工业4.0的保障，缺一不可。

2.3.2 企业的自我定位

工业 4.0 的蓝图看起来很美好，但与中国现实的工业技术基础差距很大。企业不能为了赶时髦，而盲目跟风，在着眼于未来发展的同时，要正确理解工业 4.0 的概念，做好基础工作，才能更好地掌握并指导企业战略、战术的制定及实施。

中国企业家不得不面对的问题是：当前中国制造业正处于爬坡困难期，不少企业仍处在工业 3.0，甚至工业 2.0 阶段。企业在迈向工业 4.0 时，首先得搞清自己所处的位置并明确目标，要从 2.0 跨越式发展到 4.0 不仅要树立自主品牌，还要苦练内功。

企业在考虑如何迈向工业 4.0 之前，应该首先看到中国和德国的工业基础不同。中国和德国制造业基础差异很大，不在同一起点上。德国是老牌的制造业强国，而中国目前是全球第一制造业大国，却大而不强，在制造业基础材料、基础工艺和产业技术等基础领域创新力和保障力还不够，仍处于全球价值链中低端。德国大企业已普遍处于从工业 3.0 向 4.0 过渡的阶段，而中国制造业发展水平参差不齐。

面对工业 4.0 的热潮，面对中国制造 2025 的火热推动，作为企业本身的的确确需要冷静地自我定位。

阶段定位

中国制造业发展水平参差不齐是国家对产业的描述，而具体的企业个体就需要明确各自处于哪个阶段。如果处于工业 3.0，迈向工业 4.0 是顺理成章的事情。如果处于工业 2.0，弯道超车，跨代发展也不是不可能，但是要补课。如果处于工业 1.0，基本上可以考虑一步一步发展下去而不要急于求成。

在我们看到德国西门子、博世等大企业的时候，我们也需要看到德国也是有很多家族作坊式的企业存在，但是他们把各自的细分行业做精做专，根本无需理会工业 4.0。我们的一些企业也要学习这种务实的定位。

行业定位

工业 4.0 并不是所有的行业都是需要实施的，工业 4.0 的实施目的是为了大规模地为客户实现定制化的生产及服务。因此，如果某些细分行业，客户单一，需求相对固定，那么这类型的企业如果达到自动化的大规模批量生产，就基本上满足需求了。

比如，地板行业规格有行业标准，是客户来找现成的产品购买，特殊需求很少。因此，地板行业到达工业 3.0 阶段就够了。如果要继续迈向工业 4.0，并不会给企业带来大的附加价值。

如果某些行业，客户数量不是很大，但是需求变化多，无法形成大规模的制造，那么这种情况下，也需要慎重考虑。

条件定位

如果阶段定位、行业定位分析，都得出结论为本企业是适合实施工业 4.0 的企业，此时需要再审视下企业的内部储备情况，首先是财力情况。智能化的改造是一个过程，一般

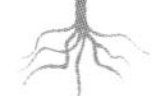

将持续 2 ~ 3 年，在这个过程当中都需要投入资金。从宏观层面上看，一个完整的智能工厂项目基本需要 1000 万元的资金，如此大的资金投入是否会影响企业的现金流，这需要对企业经营有良好的预期。如果暂时无法支撑整体的改造，那么可以先局部改造。

另外，如果企业没有实施精益生产、没有实施 ERP，那么先要补课，实施 ERP 以及财务成本管理，在企业内部实行精益化生产的管理。在企业内部，形成对应的企业管理理念。在这个过程中，要逐步培养其相关的管理人才、技术人才，为工业 4.0 的实施做好储备。

领域定位

工业 4.0 涉及的领域很多，智能研发、智能生产、智能产品、智能仓储、智能物流、智能能源管理、管理体系、技术创新、业务模式、人员培训。

一方面，顶层设计不是一蹴而就，另一方面需要也是一个摸索的过程。同时受财力、物力、时间等方面的约束，企业需要根据自己的情况，选择最重要的领域进行实施，确保首先解决重要问题。在方法论上，实现先试点后推广，先局部后整体的思路。

风险定位

工业 4.0 的实施，软件和机器将接管生产过程，从外面看就是个黑匣子。如果企业不具备相应的技术能力，那么在黑匣子故障时企业将失控。如果缺少足够的研发投入，当市场需求发生重大变化时，黑匣子生产线无法适应或者无法及时调整适应，则企业也将失控。

对于缺少相应技术能力的企业来说，一方面是慎重实施，另一方面是实施后要努力培养人才留住人才。

我们在研究、学习工业 4.0 的时候，要有清醒的认识，工业 4.0 既是指导我们前行的指明灯，同时，也存在着一定的陷阱。我们不要感觉到德国的生产管理模式好，就不顾企业的实际情况，在短时间内购买大量的机器人等高端设备。德国工业 4.0 是“确保德国制造业的未来”，并非适用于所有国家与所有企业，我们一定要将工业 4.0 的“确保德国制造业未来”战略目标，转化成“确保自己企业的未来”。着眼未来、立足当下，既要汲取德国工业 4.0 的精华，又不要死搬教条、盲目跟风，要以“中国制造 2025”为宗旨，以“创新驱动、质量引导、绿色发展、结构优化、以人为本”为方针，扬长补短，制定适合自己企业的战略、战术，确保自己企业的未来！

2.4 宏观看中国制造2025

2015 年 11 月，习近平总书记提出：“在适度扩大总需求的同时，着力加强供给侧结构性改革，着力提高供给体系质量和效率，增强经济持续增长动力。”“供给侧改革”的全称是“供给侧的经济结构性改革”，这一概念成为当下中国经济领域最热的词汇。那么，到底什么是“供给侧改革”？

在经济新常态下，“供给侧改革”，就是要从供给、生产端入手，通过解放生产力，提升竞争力促进经济发展。具体

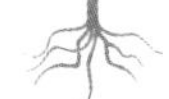

而言，就是要求清理僵尸企业，淘汰落后产能，将发展方向锁定新兴领域、创新领域，创造新的经济增长点。

2.4.1 从“供给侧改革”看中国制造 2025

经过改革开放 30 多年的发展，中国成为世界第二大经济体。然而，在长期形成的粗放式增长惯性作用下，一些重化工行业和一般制造业形成了严重的产能过剩，加大了经济下行压力。中国的供给体系，总体上是中低端产品过剩、高端产品供给不足，传统产业产能过剩，同时存在着结构性的有效供给不足。一方面商品过剩，再打折促销也无人问津；另一方面许多人为了一个马桶盖、一个电饭煲、一罐婴儿奶粉，不惜万里，走出国门求购；此外，房地产也处在严重库存和一大波购房需求者同时并存的状态。“生产过剩”其实只是“生产错误”。所谓的供给侧改革，就是来解决这种现状的。

《中国制造 2025》是供给侧改革的良好载体和驱动力

《中国制造 2025》中提到十大重点领域中的新一代信息技术产业、高档数控机床和机器人、生物医药及高性能医疗器械为供给侧改革提供了很好的切入点。这也正表明中央决策坚持问题导向，从生产供给端入手，打造经济发展的新动力。供给侧改革除了在思想层面的贯彻和落实之外，还需要着力发展好、用好这三大领域的技术、产品。

新一代信息技术：供给侧改革的“加速器”

新一代信息技术分为六个方面，分别是下一代通信网络、物联网、三网融合、新型平板显示、高性能集成电路和以云计算为代表的高端软件。

信息技术的发展将更多体现在“新”字上，关键技术的开发和标准的制定将成为产业发展的基点，并将受到重点扶持。

2010 年 10 月 10 日发布的《国务院关于加快培育和发展战略性新兴产业的决定》提出，到 2020 年，“新一代信息技术”将成为国民经济的支柱产业之一。

信息产业将成为中国供给侧结构性改革的“加速器”，其强大黏性不仅能够促进实体经济的转型升级，也能推动政府简政放权，企业降低成本、提高效率。

打赢供给侧结构性改革这场硬仗，关键是做好加减法，既扩大有效和中高端供给，又减少无效和低端供给。那么，信息产业如何在供给侧做加法呢？

创新驱动为产业发展添加新动力成为重要的着力点。毫无疑问，信息产业为传统产业带来了创新技术、创新的模式以及创新的思维。政府工作报告明确指出，“十三五”时期将强化创新引领作用，为发展注入强大动力，促进大数据、云计算、物联网广泛应用。

对于供给侧结构性改革，政府工作报告也指出，将充分释放全社会创业创新潜能，大力实施创新驱动发展战略，促进科技与经济深度融合，提高实体经济的整体素质和竞争力。这些恰恰是信息产业的“用武之地”。

信息技术还能帮助传统产业改善产品和服务供给，提高产品质量。在改善产品和服务供给方面，2016 年我国将鼓励企业开展个性化定制、柔性化生产，培育精益求精的工匠精神，增品种、提品质、创品牌。深入推进“中国制造 + 互联网”，推动制造业转型升级。

在供给侧改革中做好减法工作，不仅涉及化解产能过剩，也涉及降低企业成本等。这其中，通过运用信息技术降低企业成本、减少企业负担、增强企业活力将成为供给侧结构性改革中“降成本”的重要抓手。例如通过“互联网 +”搭建物流信息化平台，将有效消除供应链信息孤岛、提高信息透明度和资源配置效率、降低物流成本。

各行各业的企业都将面临着更加高效、更加激烈的市场竞争，谁能在竞争中更加有效地使用新一代信息技术，更快地做大做强，就将在供给侧改革的浪潮中保持屹立。

高档数控机床和机器人：供给侧结构改革的期盼

由于中国的劳动力成本逐渐升高，从 2012 年起人口红利已经开始消失。然而我国的制造业大部分仍然处于中低端水平，在需求下降、竞争加剧、成本上升的情况下，有的企业选择了远走东南亚，有的选择了关停转，更多的是期望能提升技术水平、产品质量，扭转市场态势。

从目前的情况看，“人干不好”“人不想干”“没人干”是制造业企业设备升级的重要驱动力。长久以来，中国人能设计出高端产品却无法制造出高端产品的情况，很有可能在这次产业升级中得到良好的解决。

之前，由于人工的便宜和市场的巨大，导致企业主们不愿意进行设备改造。现在市场倒逼要提升产品品质的时候，却发现不但是有活没人干而且有活人干不了，因此产品品质的提升来源于设计和制造的过程。设计对于聪明的国人而言不是太困难的事情，但是要把图样上的数据转换成实际产品时，没有合适的高精尖设备来保证，根本无从谈起。

现在大多数的企业对于自动化和信息化的接受度都很高，国内相关公司能力也很强，实施起来相对容易。因此，很多的企业又会处于相同的起跑线上。在强调差异化（主要对于国内同行而言）和赶超领先水平（主要对于跨国公司而言）的竞争中，能拥有高端装备是在竞争中脱颖而出的必要条件。

在产业界的殷切期望下，国家也给予了高度重视和支持。将高端装备制造业视为新兴产业中的支柱产业。“十二五”期间国家对装备制造业的一个战略是“调整转型、创新升级”，一个目标则是“推进装备制造业由大变强”，作为装备制造业的核心和关键，高端装备制造业定位为战略性新兴产业，为产业发展提供了“肥沃的土壤”。高档数控机床和机器人均属于高端装备产品，其中机器人产业是集现代信息技术、先进制造、自动控制等高技术于一体，更是被誉为“制造业皇冠上的明珠”。

2012 年，日本发那科、德国库卡等公司在中国的机器人销量上涨均超过 100%，多家尚未在中国设工厂的国际领先机器人厂家也正酝酿在中国布局。而中国的工业机器人制造企业则相对处在弱势，市场占有率不高。中国企业中，拥有百台以上制造能力的企业也仅有沈阳新松、广州数控、安徽埃夫特、上海沃迪、东莞启帆（台资）等几家，与外资企业上万台的销售规模差距明显。

然而中国已连续多年成为全球最大的机器人应用市场，市场规模扩张速率连续 4 年超过 50%。据统计，中国有 40 多家高新区规划了机器人产业园，30 多个城市把机器人作为重要的战略性新兴产业重点支持，直接和间接的机器人企业已有 4000 多家，近 50 家上市公司开始从事机器人产业。

高档的数控机床，如 5 轴及以上的数控车床，精度达 0.02 微米的数控磨床，这些对于异型高精度结构件加工必不可少的机床，很长一段时间内是制约我国制造业升级的一个重要因素。随着国家产业政策的支持和国内企业需求的提升，沈阳机床厂等企业和研究机构投入了大量的精力进行科技攻关。

随着《中国制造 2025》将高档数控机床和机器人纳入 10 大重点领域之一，可以预见高端装备制造业迎来了历史发展的新机遇。“中国装备，装备中国”和“中国制造，中国创造”的理想向着彻底实现的道路迈出了坚实的步伐。

有了高档数控机床和机器人的支撑，我国的制造业不但可以实现产业升级，而且可以与德国等制造业强国开展对等竞争。这是政府的期望，也是制造业作为供给侧的主体，进行结构性改革的期望。

生物医药及高性能医疗器械：供给短板的重点突破口

我国已经进入人口老龄化快速发展期。2013 年底，我国 60 岁以上老年人口已经达到 2.02 亿，2033 年前后将翻番到 4 亿，平均每年增加 1000 万，最高年份将增加 1400 万。本世纪中叶，60 岁以上人口将达到峰值 4.87 亿，占总人口的比重将由目前的 14.9% 上升到 34.8%，比法国、德国、意大利、日本和英国目前合在一起的人口都多。

老年人的患病比例要远高于整体人群（见表 2.3），由此可见未来医疗行业的庞大市场需求。

而中国生物医药产业还处于比较落后的状态。资金短缺、研发力量薄弱、缺乏产业化机制、科研成果转化率低等成为制约中国生物制药产业发展的主要因素。

表 2.3 老年人患病调查情况统计

医疗指标（%）	65岁及以上老年人群		全人群	
	2003年调查	2008年调查	2003年调查	2008年调查
2 w患病率	33.8	46.6	14.3	18.9
慢性病（病例）患病率	65.9	64.5	15.1	20
2w就诊率	28.1	30.3	13.4	14.5
年住院率	8.4	15.3	3.6	6.8
患者未就诊比例	54.3	35.8	48.9	37.6
患者应住院未住院比例	34.7	28	29.6	25.1

虽然医疗器械行业整体呈现较快发展的态势，但是我国医疗器械生产和科技水平低下的一面以及行业集中低、中高端进口依赖度高等问题，仍然成为制约医疗器械发展的瓶颈。中国有医疗器械生产企业约 1.5 万家，但 90% 的企业收入规模不足 2000 万元。在目前的医疗机构中，仅低端耗材和黑白 B 超等低端领域的产品来自国产，而 CT、MI、核磁共振等高端医疗器械基本被国外产品垄断。

对于中国的卫生事业来说，这是一大短板；对于中国医药行业来说，这是一大机会。面对跨国公司的领先优势，中国医药行业供给侧结构改革迫在眉睫。

中国政府近年来一直不遗余力地推动相关产业的发展。《中国制造 2025》明确提出将生物医药及高性能医疗器械作为十大重点领域之一。生物医药及高性能医疗器械之所以成为重点发展领域，是因为此领域技术含量高，能够带动相关上下游产业链以及周边产业的发展，如生物技术、制药工程等，对提升中国制造业整体水平意义重大。同时，生物医药及医疗器械市场需求大，经济价值高，对推动国民经济增长意义重大。《中国制造 2025》不但将生物医药及高性能医疗器械囊括其中，更重要的是明确提出发展针对重大疾病的化学药、中药、生物技术药物新产品，重点包括新机制和新靶点化学药、抗体药物、抗体偶联药物、全新结构蛋白及多肽药物、新型疫苗、临床优势突出的创新中药及个性化治疗药物。提高医疗器械的创新能力和产业化水平，重点发展影像设备、医用机器人等高性能诊疗设备，全降解血管支架等高值医用耗材，可穿戴、远程诊疗等移动医疗产品。实现生物 3D 打印、诱导多能干细胞等新技术的突破和应用。

生物医药及高性能医疗器械有其自身的发展规律，如前期投资大、周期长、风险高等特点，短期内难以见效。但是，我们有理由相信在巨大的市场红利面前，在政府的鼓励下，我们的企业必然义不容辞地扛起历史的责任，并将在竞争中占有一席之地。

供给侧改革将打开中国经济发展新旧动力转换的关键“旋钮”，推动社会生产力水平的整体跃升，支撑中国经济转型升级、提质增效、长期向好。《中国制造 2025》是供给侧改革的良好抓手。

2.4.2 从“一带一路”战略看中国制造 2025

在全球经济缓慢复苏的大背景下，加强区域合作是推动世界经济发展的重要动力，并且成为了一种趋势。

2013 年 9 月和 10 月，中国国家主席习近平在出访中亚和东南亚国家期间，先后提出共建“丝绸之路经济带”和“21 世纪海上丝绸之路”的战略构想，得到国际社会高度关注和有关国家积极响应。国务院总理李克强参加 2013 年中国—东盟博览会时强调，铺就面向东盟的海上丝绸之路，打造带动腹地发展的战略支点。共建“一带一路”，是中国政府根据国际和地区形势深刻变化，以及中国发展面临的新形势、新任务，致力于维护全球自由贸易体系和开放型经济体系，促进沿线各国加强合作、共克时艰、共谋发展提出的战略构想，具有深刻的时代背景。

“一带一路”战略不是一个新的机制，而是合作发展的理念和倡议，将依靠中国与有关国家既有的双多边机制，陆续推出基建、交通的互联互通及贸易投资的便利化等措施。依赖“丝绸之路”经济、人文、商贸的千年传承，并赋予其新的合作意义

《中国制造 2025》为“一带一路”做好坚实基础

中国政府在进行供给侧改革的同时，需要拓宽国际市场。“一带一路”战略本质上是输出中国的优势产能。

《中国制造 2025》作为中国实施制造强国战略第一个十年行动纲领囊括了轨道交通装备、电力装备、海洋工程装备和高技术船舶这三大领域。而这三大领域是中国先进制造、智能装备的典型代表，中国需要通过它们推助“一带一路”建设。

中国轨道交通装备服务“一带一路”

近年，中国城市轨道交通建设保持了高速发展的势头，轨道交通装备成为中国制造转型升级的一大亮点。“一带一路”的战略蓝图更为轨道交通装备企业带来了前所未有的机遇。“一带一路”战略区域辐射东南亚、南亚、中亚和西亚诸国，并延伸至东欧、北非，这些区域都对基础设施建设和互联互通有迫切的需求，特别是高速铁路、货运铁路以及城市轨道交通。

拥有竞争力的新产品及新技术成为“走出去”必不可少的因素。中国中车自主开发出了中国标准化动车组牵引和网络控制系统。这是高铁列车最核心的技术，人称“高铁之心”和“高铁之脑”。这两大系统的诞生，

标志着中国高铁列车正逼近百分百“中国创造”。

“一带一路”战略大幅提升了中国轨道交通海外市场拓展力度。在“高铁外交”的持续攻势下，全球已有 28 个国家与中国洽谈引进高铁技术或合作开发。在全球经济复苏的背景下，高铁基建投资有望成为各国经济增长的重要抓手。

目前全球已知规划的高铁项目超过 5 万公里，在建里程超过 2 万公里，年均投资超过 1 万亿元。面对全球掀起的高铁建设潮，中国高铁产业链已将舶来技术融会贯通，在动车组国产化持续推进下，相较海外巨头具有多方面优势，并具备整车及系统输出能力。

在“一带一路”推进的背景下，中国计划建设泛亚高铁、中亚高铁、欧亚高铁、中俄加美高铁四条世界级的高铁线路。这四条高铁线路长，跨越不同文化和不同地质条件的区域，投资巨大。

目前，世界具备整体出口高铁技术的国家屈指可数，只有日本、法国、德国等少数国家，中国高铁已具备实力。参与出口的公司包括法国阿尔斯通、德国西门子、加拿大庞巴迪、日本川崎重工以及中国中车。日本仅出口到中国大陆和中国台湾，“欧洲帮”除了出口到中国，大都在欧盟内部，高铁的全球化进程还处于发展初期。

近几年中国高铁飞速发展，实现了从“弥补”到“赶超”再到“引领”的华丽转身。中国铁路产业“走出去”分为两个阶段：轨道交通装备出口，属于单纯的货物贸易；铁路系统的出口，不仅仅提供机车、车厢、信号系统等设备，而且铺设整条铁路，属于货物贸易与服务贸易的结合。

轨道交通装备是《中国制造 2025》排头兵，为“一带一路”提供服务。它不仅能加速轨交装备由“中国制造”向“中国创造”转变，还将有力推动中国高端装备业的产业升级进而带动信息、电子、材料等相关产业链整体实力提升。“一带一路”的外交蓝图，更是加快了中国铁路“走出去”的步伐，架起中国走向世界的便捷通道。

“一带一路”助推高端电力装备出口，迎接中国制造 2025

中国电力装备有成本优势，工期短，技术水平与国际公司相比有竞争力。尤其是“一带一路”战略的实施助推了国内电力装备出海进程。

中国电力“走出去”主要以火电、水电和输变电为主，风电等新能源行业尚处于走向国际市场的初期。

《中国制造 2025》中提出了火电装备、核电装备、可再生能源装备、输变电装备、关键零部件、材料及配套体系五大重点发展方向。

2014 年，中国企业境外火电项目签约额 140 亿美元，占全年签约的 46.7%; 水电项目签约额 80 亿美元，占全年签约的 26.7%; 输变电签约额 65 亿美元，占全年签约的 21.7%;太阳能项目签约额 7 亿美元，占全年签约的 2.3%；风电项目签约额 6 亿美元，占全年签约额的 2%；垃圾发电等其他项目签约额 2 亿美元，占全年签约的 0.7%。

2014 年，中国电力工业海外项目签约额约 300 亿美元，签约总装机容量约 2000 万千瓦，相比 2004 年的 20 亿美元签约额，10 年间增长了 14 倍。

2014 年底，中国电力企业出口市场已涵盖 70 多个国家和地区，在亚洲、非洲、南美、欧洲及中东等国家都有众多中国电力企业在进行电力建设。

“一带一路”沿线 64 个国家，覆盖总人口达到 46 亿，而相当多的国家是发展中国家，人均用电量和发达国家差距甚远，具有广阔的市场潜力。世界上的国家可以按照人均用电量分为四档：北美、北欧及澳大利亚等少数发达国家，人均用电量在一万千瓦时以上，处于第一档；德国、法国等大部分发达国家人均用电量则在 5000 ~ 10000 千瓦时，处于第二档；中国、哈萨克斯坦、东欧等新兴市场人均用电量约为 2000 ~ 5000 千瓦时，处于第三档；人均用电量不足 2000 千瓦时的国家则主要分布在中亚、非洲，处于第四档。绝大部分“一带一路”覆盖国家处于第三档和第四档，随着社会的发展，当地本身具有加大电力投资的刚性需求。

电力装备是实现能源安全稳定供给和国民经济持续健康发展的基础，“一带一路”规划的实施，推动周边国家的基础设施建设，开拓电力设备海外市场，用实力迎接中国制造 2025。

“一带一路”战略下的船舶工业转型升级

《中国制造 2025》规划纲要中，海洋工程装备和高技术船舶作为十大重点发展领域之一加以推进。该规划瞄准创新

驱动、智能转型、强化基础、绿色发展等关键环节，以中国制造业“由大变强”为目标，为中国造船业及海洋工程装备业的发展指明了方向，起到了增强市场信心，推动整个国际造船及海工市场复苏的作用。在此大背景下，中国船海工业在转型中前行，造船手持订单依然保持排名世界第一。

尽管中国船舶工业已经具备一定的实力和基础，但产能过剩矛盾加剧的阴霾挥之不去，加快结构调整、促进转型升级的任务相当艰巨。而要实现转型升级，船舶工业就要提高设计、建造的技术和水平，着力发展高技术、高难度、高附加值的船舶和海洋工程装备等。

“一带一路”的国家战略与船舶工业自身加快结构调整、进一步转型发展的要求是不谋而合的，并且为之提供了良好的条件和广阔的舞台。

放眼“一带一路”战略，其需求空间可谓广阔，这也给部分船舶企业打通产业链条或者实施多元化发展创造了可能。根据企业自身特点和优势，转身向基础设施、物流和生产性现代服务业等众多领域拓展，不失为一种策略。此前，我国船舶企业已经有了在海上风电、可移动电站、风力发电齿轮箱和叶片等领域较好地实现转型发展的先例。面对“一带一路”提供的广阔舞台，船舶企业的表现值得期待。

“一带一路”战略固然带来了一定的机遇，但在抓住机遇的过程中，船舶和海工装备制造企业仍要冷静思考，找准定位，切忌一哄而上。船舶企业“首先把自己的事情做好”，抓紧转型升级、淘汰过剩产能，在“三高”船舶及深海海洋装备研发等领域下功夫。在此基础上，企业可以根据“一带一路”战略的需求，结合自身实际，进行适当转型。

中国经济的发展正站在新的历史起点上，进一步加快实施“走出去”

战略，必将为中国经济的转型升级提供重要支撑，而中国经济的平稳健康发展，也必将对世界经济的繁荣和发展做出更大贡献。

“一带一路”战略引领了中国制造 2025 战略落地实施，中国制造 2025 战略的落地实施又为“一带一路”战略做好坚实的产业基础支撑。两大战略的无缝对接将会对中国实施创新驱动发展战略、加快经济转型升级具有十分重要的战略意义。

2.4.3 中国制造 2025 触发的巨大市场机会

目前各地纷纷出台方案，对接落实《中国制造 2025》，打造智能制造特色省。

2016 年 4 月 1 日，山东省发布实施《中国制造 2025 山东省行动纲要》。这是自 2015 年 5 月国务院发布《中国制造 2025》后，出台对接政策的第 21 个省份。山东省行动纲要提出了近 10 年重点领域发展的量化目标，把重点发展的产业确定为 10+10 共 20 个。其中，10 大装备制造业锁定为新一代信息技术与装备、高档数控机床和机器人、工程机械、节能环保装备等领域。

除了山东，浙江、广西、江西等地在对接措施中也提出发展特色、优势产业。

浙江省人民政府的《中国制造 2025 浙江行动纲要》提出将重点发展机器人与智能装备、新能源汽车与现代交通装备等 11 个制造业产业。

广西发布的《中国制造 2025 广西实施意见》提出，要着眼未来积极布局新兴领域，重点发展轨道交通运输装备制造和服务业，打造北部湾经济区沿海海洋工程装备和高端船舶修造基地。

《江西省人民政府关于贯彻落实“中国制造 2025”的实施意见》提出，以加快新一代信息技术与制造业深度融合为主线，以推进智能制造为主攻方向加快制造业发展升级。

江苏省委、省政府正式发布《中国制造 2025 江苏行动纲要》，制造业强省建设的序幕就此拉开。

地方版智能制造规划陆续出台表明，智能制造在全国各地全面铺开，智能制造行走在“中国制造 2025”风口下，2015 年扬帆，2016 年开始起航。

2015 年，江苏省 GDP 为 7.06 万亿元，全国 GDP 为 67.67 万亿元，江苏约为全国的 10.43%。据 MIR 睿工业的调研，2015 年江苏省有约 2000 家企业实施智能工厂项目，按此比例计算，全国约有 20 000 家企业将实施智能工厂项目，按每个项目投资 1000 万元计算，将形成 2000 亿元的市场，并将在未来的 5 年内释放出来。仅仅江苏省计划在“十三五”期间投入 20 亿元支持企业的智能工厂改造项目。浙江杭州也拟投入 2 亿元的专项资金。“十三五”期间，中央和地方政府将配套 480 亿元的资金。

2.4.4 中国制造 2025 下的量化行业市场机会

《中国制造 2025》是中国政府实施制造强国战略第一个十年的行动

纲领，其根本目标在于改变中国制造业“大而不强”的局面，通过 10 年的努力，使中国迈入制造强国行列。

围绕实现制造强国的战略目标，《中国制造 2025》明确了九大任务、十大重点领域和五项重大工程。十大重点领域包括为新一代信息通信技术产业、高档数控机床和机器人、航空航天装备、海洋工程装备及高技术船舶、先进轨道交通装备、节能与新能源汽车、电力装备、农机装备、新材料、生物医药及高性能医疗器械。随着国家对于这些重点领域的推动发展及一些配套的政策规划，对一些行业的发展前景产生利好。以下我们选择几个近年来关注比较高的行业来述说他们的发展前景。

1、工业机器人

工业机器人可谓是近几年最为火爆的行业，不仅仅是中国，全球各国都在争先发展工业机器人，工业机器人市场规模不断扩大，已成为世界上增长最快的市场。据国际机器人协会发布的行业调查报告显示，2015 年全球各地区工业机器人销量需求增长率排名中，亚洲地区居榜首，中国以 59% 的增速成为工业机器人最大需求国。

工业机器人一直被列为国家重点发展领域，随着智能装备的发展，机器人在工业制造中的优势越来越显著，国内机器人企业也如雨后春笋般的出现。“十二五”期间出台了多项政策来支持工业机器人的发展。据统计，2009 至 2014 年，中国工业机器人市场销量以年均 58.9% 的速度增长，2014 年中国工业机器人市场销量超过 5.6 万台，约占全球市场的 1/4。

在目前传统制造业市场疲软、企业转型升级需求增加的背景下，机器人产业保持了良好的发展势头。据国际机器人联合会（IFR）2015 年发布预测报告指出，中国工业机器人 2016~2018 年的销量将分别达到 7.85 万台、9.81 万台和 12.27 万台，年均增长 25% 左右。预计 2017 年之前，中国工业机器人拥有量将成为世界第一。

随着《中国制造 2025》、“十三五”规划的发布，工业机器人依然是国家重点发展领域。《中国制造 2025》中强调将围绕汽车、机械、电子、危险品制造、国防军工、化工、轻工等工业机器人、特种机器人，以及医疗健康、家庭服务、教育娱乐等服务机器人应用需求，积极研发新产品，促进机器人标准化、模块化发展，扩大市场应用。突破机器人本体、减速器、伺服电机、控制器、传感器与驱动器等关键零部件及系统集成设计制造等技术瓶颈。

目前《机器人产业“十三五”发展规划》草案已基本制定完成，将和《中国制造 2025》重点领域技术路线图一起，构成中国机器人产业的发展蓝图，据规划透露，到 2020 年，将形成较为完善的工业机器人产业体系，机器人密度（每万名员工使用机器人台数）达到 100 以上，培育 3 ~ 5 家具有国际竞争力的龙头企业和 8 ~ 10 个配套产业集群。

在政策层面上不断加强对机器人产业的扶持力度，相关规划和专项政策陆续出台，工业机器人产业发展面临良好政策环境。随着机器人行业的火热及地方政府补贴等产业政策的推动，机器人在各行业领域获得较为广泛的应用，工业机器人产业发展前景非常广阔。

根据图 2.2 中的数据可以看出，未来几年工业机器人的销售收入增长率将超过 50%。如果在前期有技术积累，比如伺服、电机、控制器、视觉识别等方面的企业，抓住机会，瞄准细分领域，将会在这个窗口期获得良好的发展。

在世界工业机器人业界中，以瑞士的 ABB、德国的库卡、日本的发那科和安川电机最为著名，并称工业机器人四大家族。由于四大家族的存在，应该说在工业机器人领域，中国企业的竞争难度将很大。但是在服务机器人领域，中国企业能更加贴近客户的需要，可以提供更多具有竞争力的产品。因此，中国企业在此将大有作为，关键是选好细分市场，集中力量突破。

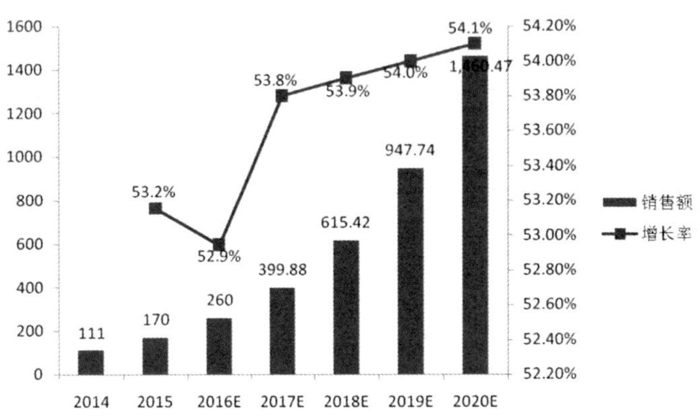

图 2.2 2014 ~ 2020 年国内工业机器人销售收入增长及预测（金额单位：亿元）

数据来源：MIR 睿工业市场研究报告

2、轨道交通

2008 年以来，我国在大规模铁路建设投资的带动下，铁路制造业呈逐年高速增长态势。近年来，由于国家政策的正确引导和相关城市对规划建设轨道交通的积极努力，轨道交通从发展速度、规模和现代化水平各方面都呈现出蓬勃的发展态势。

2008 年，国家发改委发布《中长期铁路网规划（2008 年调整）》，目标定为到 2020 年，全国铁路营业里程达到 12 万千米以上，复线率和电化率分别达到 50% 和 60% 以上。

截止到 2014 年，全国城市轨道交通运营总里程为 3173 千米，提前一年实现并超过 2015 年末运营线路长度 3000 千米的预测目标值。预计到 2020 年总里程要达到 6000 千米，即在“十三五”期间每年要完成 500 千米。

城市轨道交通作为支撑城市正常运行的大动脉，近年来发展迅速，据不完全统计，其里程大约为 2200 ~ 2500 千米，运力与运能成几何增长。中国城市轨道交通发展用 15 年走过了发达国家 100 年的发展历程，轨道交通的技术和装备也从原来的依赖进口走向自主化、国产化开发。

公开数据显示，截止目前，经国务院批准修建地铁的城市有 39 个，已经有 22 个城市开通了轨道交通，运营里程 2764 千米，其中北京、上海都已经超过 500 千米。现在，国务院已将城市轨道交通项目核准权限下放至省级投资主管部门的决定，使得很多二三线城市开始申报地铁项目，中等城市将迎来一股“地铁潮”。

目前，《中国制造 2025》已提出将研发新一代绿色智能、高速重载轨道交通装备系统，围绕系统全寿命周期，向用户提供整体解决方案，建立世界领先的现代轨道交通产业体系。铁路“十三五”发展规划还没有出台，但从多方面的消息来看，“十三五”期间轨道交通投资力度依然很大。

自从实施城市轨道交通设备国产化政策以来，国产城轨车辆不断涌现，自主创新能力显著增强。当前全国各地纷纷掀起城市轨道交通建设高潮，国产轨道交通设备的市场需求大幅提升，广阔的市场空间将有力拉动我国轨道交通设备制造业的长足发展。随着城市化建设步伐的加快，中心城市不断向周边辐射，轨道交通建设的紧迫性也在增加。中国已形成一个世界上规模最大、发展最快的轨道交通建设市场。纵观我国地铁、轻轨发展动态，未来 5 ~ 10 年间，中国城市轨道交通运输及其设备制造市场前景广阔（见图 2.3）。

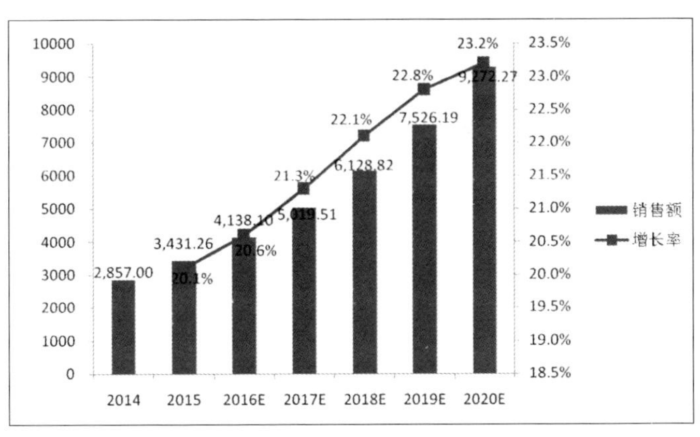

图 2.3 2014 ~ 2020 年国内城市轨道交通市场投资额预测
（金额单位：亿元）
数据来源：MIR 睿工业市场研究报告

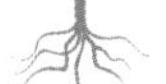

轨道交通领域的企业多为国企或大企业，对于中小型企业而言，则应提升产品品质，努力成为核心企业的供应商，分享到轨道交通发展带来的市场机会。

3、物流

物流行业是一个复合型产业，包括有运输、仓储、装卸、搬运、包装、流通加工、配送、信息平台等，其中运输又包括铁路、公路、水运、航空、管道等。

2009 年，物流行业成为国务院常务会议审议并原则通过的十大产业振兴规划中的第十个产业。

2014 年，《物流业发展中长期规划》发布，确定 12 项重点工程，提出到 2020 年基本建立现代物流服务体系，提升物流业标准化、信息化、智能化、集约化水平，提高经济整体运行效率和效益。

当前，经济全球化趋势深入发展，网络信息技术革命带动新技术、新业态不断涌现，智慧化物流的大潮已经成为行业不可逆转的趋势。

现在，农业现代化对大宗农产品物流和鲜活农产品冷链物流的需求不断增长；新型工业化要求加快建立规模化、现代化的制造业物流服务体系；居民消费升级以及新型城镇化步伐加快，迫切需要建立更加完善、便捷、高效、安全的消费品物流配送体系；这些需求都给物流行业带来很大的市场。

此外，近年来随着电子商务、网络消费的火热，也进一步促进了物流行业的快速增长。伴随全面深化改革，工业化、信息化、新型城镇化和农业现代化进程持续推进，产业结构调整和居民消费升级步伐不断加快，我国物流业发展空间越来越广阔。

为进一步提高我国物流行业转型发展，国务院和发改委先后出台《物流行业中长期发展规划》《多措并举推动现代物流加快发展》和《关于加快实施现代物流重大工程的通知》等配套政策，要求多措并举推动现代物流发展，“十三五”将是物流行业转型升级，实现从传统物流向现代物流发展的关键时期。

在国家由“十二五”向“十三五”的转变之际，我国物流业仍然处于可以大有作为的战略机遇期，据行业专家预测，未来中国物流技术与装备行业发展速度继续保持世界第一，中国物流装备市场也逐步成为世界第一的大市场，行业的发展战略机遇期还有 8 年至 10 年。

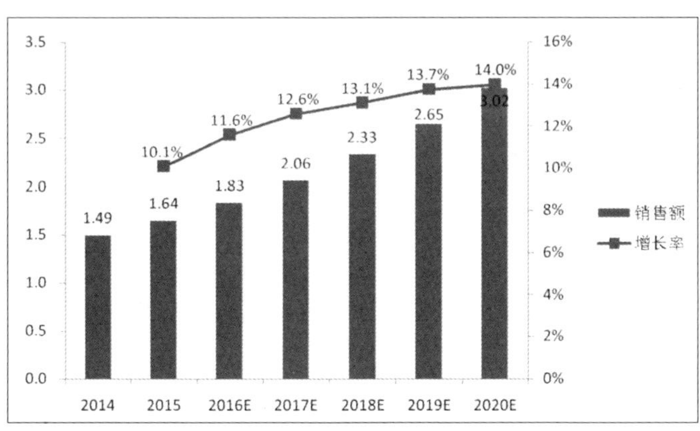

图 2.4 2014 ~ 2020 年国内供应链管理服务市场规模预测
（金额单位：万亿美元）
数据来源：MIR 睿工业市场研究报告

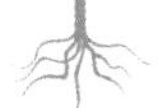

根据图 2.4 可以看出，以物流业为主的国内供应链管理服务市场在未来的几年都将保持 2 倍左右的 GDP 增长率，也是相当不错的市场机会。目前，整体市场景气，但是小型的快递公司、物流公司众多，存在着相当大的市场整合机会。

在 UBER、滴滴等创新业务模式的影响下，如果相关的公司能将之吸收发展创新应用到物流行业，那也将是一场变革。

从服务角度看，供应链的自动化、信息化、互联网化是相关服务商的巨大蛋糕，而且技术相对成熟，是不少企业合适的切入点。

4、高端海工

海洋工程技术装备通常分为三大类：海洋油气资源开发装备；其他海洋资源开发装备；海洋浮体结构物。目前国内主要是海洋油气资源开发装备，包括钻井平台、生产平台、浮式生产储油船、卸油船、起重船、铺管船、海底挖沟埋管船、潜水作业船等。

海洋工程装备是开发、利用和保护海洋所使用的各类装备的总称，是海洋经济发展的前提和基础；高技术船舶具有技术复杂度高、价值量高的特点，是推动我国造船产业转型升级的重要方向。海洋工程装备和高技术船舶处于海洋装备产业链的核心环节，推动海洋工程装备和高技术船舶发展，是促进我国船舶工业结构调整转型升级、加快我国成为世界造船强国建设步伐的必然要求，对维护国家海洋权益、加快海洋开发、保障战略运输安全、促进国民经济持续增长、增加劳动力就业具有重要意义。

中国船舶工业行业协会牵头编制的船舶工业“十三五”发展规划前

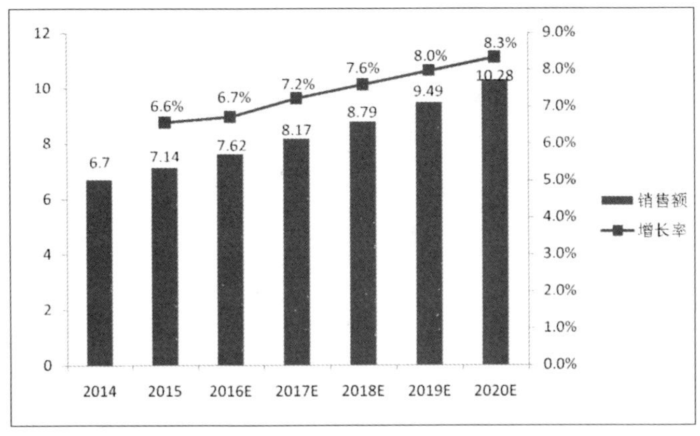

图 2.5 2014 ~ 2020 年国内高端海工装备相关自动化产品市场规模预测（金额单位：亿元）

数据来源：MIR 睿工业市场研究报告

期研究思路初稿已经完成，提出到 2020 年，高技术船舶、海洋工程装备及关键配套设备制造能力明显增强，进入世界海洋工程装备制造先进国家行列，成为世界上主要的配套设备制造国。

《中国制造 2025》也明确提出，海洋工程装备和高技术船舶领域将大力发展深海探测、资源开发利用、海上作业保障装备及其关键系统和专用设备。推动深海空间站、大型浮式结构物的开发和工程化。形成海洋工程装备综合试验、检测与鉴定能力，提高海洋开发利用水平。突破豪华邮轮设计建造技术、全面提升液化天然气等高技术船舶国际竞争力，掌握重点配套设备集成化、智能化、模块化设计建造技术。

工信部在解读《中国制造 2025》船舶海工内容时指出，

未来十年，我国船舶工业应紧紧围绕海洋强国战略和建设世界造船强国的宏伟目标，充分发挥市场机制作用，顺应世界造船竞争和船舶科技发展的新趋势，强化创新驱动，以结构调整、转型升级为主线，以海洋工程装备和高技术船舶产品及其配套设备自主化、品牌化为主攻方向，以推进数字化网络化智能化制造为突破口，不断提高产业发展的层次、质量和效益。力争到 2025 年成为世界海洋工程装备和高技术船舶领先国家，实现船舶工业由大到强的质的飞跃。

作为《中国制造 2025》规划中的一个重点领域，受国家政策等多方面利好，高端海工市场发展前景非常广阔。

从图 2.5 中可以看出，高端海工装备将保持超出 GDP 的发展速度。海工装备是个相对封闭的市场，一方面相关企业需要不断的技术突破才能达到相关要求，另一方面相关企业需要从外围供应商做起。核心企业需要不断拓展市场，将业务留在中国。

5、风电

我国风电行业起步于 20 世纪 50 年代，在经历了早期示范、探索、发展与大规模发展四个阶段后，风电行业规模迅速增大。不过从 2011 年开始，受风电并网、弃风限电等问题制约，中国风电新增装机年均增长率开始出现负增长。近几年，高污染、高消耗的粗放式增长方式给环境带来了巨大的压力，加大可再生能源占比成为当今能源生产和利用的最主要方向，所以作为新能源的风电，发展依旧被看好。

据国家能源局统计数据，2015 年，全国风电产业继续保持强劲增长势头，全年风电新增装机容量 3297 万千瓦，新增装机容量再创历

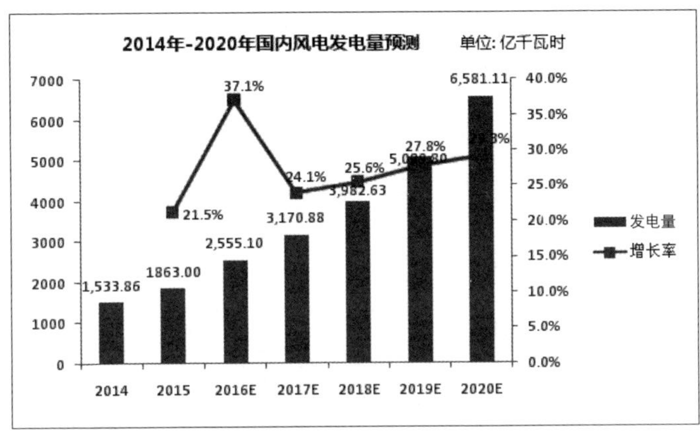

图 2.6 2014~2020 年国内风电发电量预测（单位：亿千瓦时）
数据来源：MIR 睿工业市场研究报告

史新高，累计并网装机容量达到 1.29 亿千瓦，占全部发电装机容量的 8.6%。2015 年，风电发电量 1863 亿千瓦时，占全部发电量的 3.3%。2015 年，新增风电核准容量 4300 万千瓦，同比增加 700 万千瓦，累计核准容量 2.16 亿千瓦，累计核准在建容量 8707 万千瓦。我国并网风电容量持续 3 年领跑全球，并成为首个达到 1 亿千瓦的国家。

风电繁荣发展的背后也存在着忧患，2015 年，风电弃风限电形势加剧，全年弃风电量 339 亿千瓦时，同比增加 213 亿千瓦时，平均弃风率 15%，同比增加 7 个百分点。

鉴于风电“弃风限电”等问题比较突出，“十三五”期间风电的发展更倾向于政策实施，将重点解决补贴资金、弃风限电等问题。《中国制造 2025》规划中也提到推动电力装备发展，重点将发展大容量储能装置自主化，大容量储能

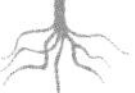

技术及兆瓦级储能装置满足电网调峰需要，解决可再生能源并网瓶颈。

尽管目前风电“十三五”规划目标、电价和政策措施还未最后落定，但要实现《国家应对气候变化规划》提到的目标，到 2020 年我国非化石能源占一次能源消费比重达到 15%，到 2030 年要达到 20%，中国风电增长依然向好，前景依然很乐观。

2014~2020 年国内风电发电量情况预测见图 2.6。

该行业仍将持续发展。经过培育之后的中国企业已经占领了很大的市场份额。但今后在相关企业进入的时候，需要注意风电项目的投资不仅需要投资电厂，也需要输配电线路的配合，不然有了电发不出来，产生不了效益，适得其反。

6、核电

做为清洁能源之一的核电，也备受关注。2011 年初受到日本福岛核电站事故的影响，国务院常务会议当时决定，调整完善我国核电中长期发展规划，在核安全规划批准之前，暂停审批核电项目。

随着能源规划等政策的发布，我国核电项目建设闸门重开。2015 年成为中国核电重启元年，目前核准建设的核电项目都分布在沿海城市，内陆城市的核电项目继续搁浅。2015 年国内共核准 8 台核电机组（防城港 3、4 号机组，田湾 5、6 号机组，红沿河 5、6 号机组，福清 5、6 号机组），为 2011 年福岛事故之后我国核电项目核准规模最大的一年，而其中 7 台已于年内开工建设。

随着 2015 年核电的开工，核电发展前景一度被看好。《中国制造 2025》也把核电列为发展重点，规划中提到要推动大型高效超净排放

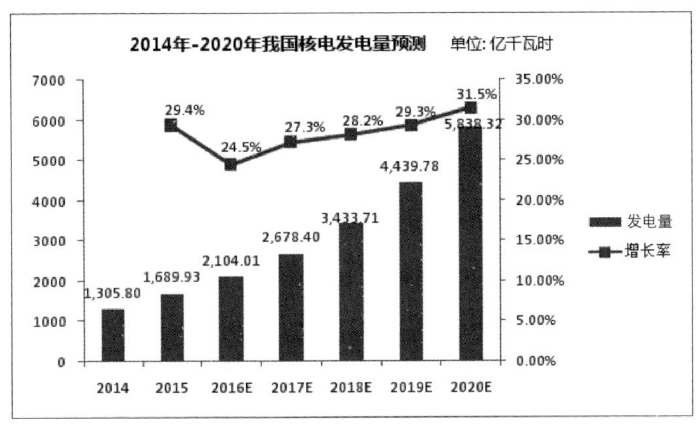

图 2.7 2014 ~ 2020 年我国核电发电量预测（单位：亿千瓦时）
数据来源：MIR 睿工业市场研究报告

煤电机组产业化和示范应用，进一步提高超大容量水电机组、核电机组、重型燃气轮机制造水平。未来核电发展重点，将是实施核电装备自主创新和产业化专项，建立完善的核电装备自主化产业体系，核电装备安全性和先进性满足国际标准最高要求。对接“一带一路”战略，通过对外工程总承包，形成具有自主知识产权的核电机组批量出口能力。

另外，据“十三五”规划显示，2016 年开始的第十三个五年计划中，中国每年将新建 6 至 8 座核电站，并为引进自主开发的新型核电站投入共 5000 亿元资金。结合能源行动计划中“到 2020 年，装机容量达到 5800 万千瓦，在建容量达到 3000 万千瓦以上”的目标，2016 ~ 2020 年核电投产装机年复合增速约 25%。

综合来讲，虽然目前核电还只是局限于沿海地区，内陆核电的发展还饱受争议，开启时间尚未确定，但从“十三五”规划等国家政策来讲，核电的发展还是很有前途。

2014 ~ 2020 年我国核电发电量情况及预测见图 2.7。

核电行业由于其高可靠性的要求，进入门槛很高。一般企业难以进入，进入的企业如果发展不好也将难以胜任要求。在核电行业大发展的未来数年，相关的国内企业可谨慎地从外到内进行技术突破。从外到内，一方面是指从核电站的外围工作到核心核岛设备的逐步突破，另一方面是指可以从对外支援建设的核电站先供货然后再转战国内核电市场。

7、生物医药

生物医药是生物技术与医药行业相结合形成的跨学科综合领域。与发达国家相比，我国生物医药产业还处于比较落后的状态。生物医药作为新兴产业，有着良好的发展前景和蓬勃的生命力，近年来，中央和地方政府都在不断加大对生物医药的投入力度，从政策和资金等各方面扶持生物医药产业。

生物医药在我国经济与社会发展中占据重要的战略地位，一直受到国家的支持与重视。“十二五”期间，国务院发布《关于加快培育和发展战略性新兴产业的决定》，将生物医药等战略性新兴产业提升为国民经济的支柱产业。还陆续制订和颁布了《“十二五”生物技术发展规划》《医药工业“十二五”发展规划》等一系列政策、措施，加快生物医药产业结构调整和转型升级，培育发展生物医药产业促进生物医药企业由大变强，形成产业化集聚。

《中国制造 2025》规划中也专门将生物医药及高性能医疗器械列为

十大重点领域之一，将发展针对重大疾病的化学药、中药、生物技术药物新产品。其发展目标为：到 2020 年，推动一大批企业实现药品质量标准和体系与国际接轨，其中至少有 100 家药品制剂企业取得美、欧、日和 WHO 认证并实现产品出口；按照国际药品标准，研制并推动 10 ~ 20 个化学药及其高端制剂、3 ~ 5 个新中药、3 ~ 5 个新生物技术药在欧美等发达国家完成药品注册，加快国产药品的国际化发展进程。

随着国内人口老龄化持续加深、居民可支配收入持续增长，将会继续推动我国生物医药行业持续增长。据保守估计，到 2020 年我国生物医药市场规模将达到 4 万亿元。长远来看，生物医药产业是一个朝阳产业，正处于迅猛发展阶段，

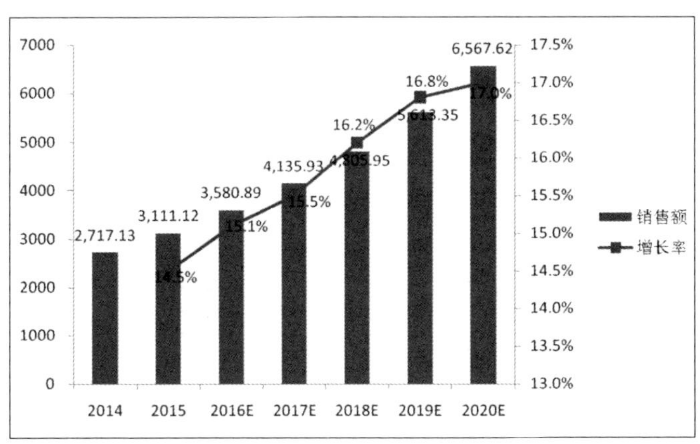

图 2.8 2014 ~ 2020 年生物医药销售业绩（金额单位：亿元）
数据来源：MIR 睿工业市场研究报告

同时，政策也在不断改革，为生物医药的发展提供动力，生物医药产业前景良好。

2014 ~ 2020 年生物医药销售业绩情况及预测见图 2.8。

生物医药市场是即将到来的中国最大的最具成长性的市场，市场机会自不待言。由于市场准入门槛高，投资回报周期长，中国企业普遍规模偏小，如何“逆袭”我们无法给出答案。但之前中国相关企业的发展给我们以希望和信心，相信最终有中国企业在这波浪潮中能脱颖而出！我们拭目以待。

8、水处理

近年来，水污染所带来的问题愈发凸显，水问题的严重性和重要性已日益成为社会各界的共识，中央和地方各级政府部门都把水问题提到重要位置。

“十二五”期间，针对水处理行业国家出台了多项重要政策，如“十二五”节能环保产业发展规划、“十二五”全国城镇污水处理及再生利用设施建设规划、“十二五”重点流域水污染防治计划等以及 2015 年发布的“水十条”，这些政策的发布表明国家对于水处理的重视程度不言而喻。

在“十三五”期间，水处理的目标比重进一步加大，在出台的“十三五”规划中提到，加快城镇污水处理设施和管网建设改造，推进污泥无害化处理和资源化利用，实现城镇生活污水、垃圾处理设施全覆盖和稳定达标运行，城市、县城污水集中处理率分别达到 95% 和 85%。据此目标及“水十条”等政策的落地，水污染防治方面“十三五”期间预计将投

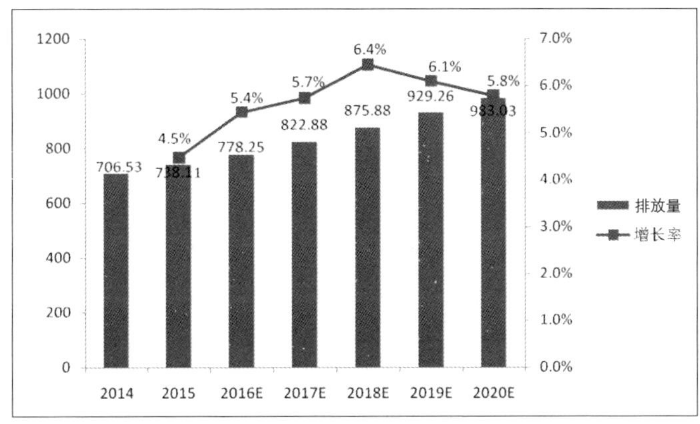

图 2.9 2014 ~ 2020 年废水排放量预测（民用污水 + 工业污水）（单位：亿吨）

数据来源：MIR 睿工业市场研究报告

入 4.6 万亿元。

此外，《中国制造 2025》规划也把水处理列为重点，在规划中列出五项工程中的一条提到“发展绿色制造工程”，其中明确说明组织实施传统制造业能效提升、清洁生产、节水治污、循环利用等专项技术改造。开展重大节能环保、资源综合利用、再制造、低碳技术产业化示范。实施重点区域、流域、行业清洁生产水平提升计划，扎实推进大气、水、土壤污染源头防治专项。

2014 ~ 2020 年废水排放量预测情况及预测见图 2.9。

随着政策的加码，国家节能减排战略的逐步实施，战略性新兴产业不断的加快培育发展，水处理行业将迎来广阔的发展前景。

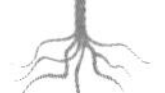

水处理行业的发展与当下中国经济的转型升级密切相关，当下政府非常强调环境的治理，浙江甚至直接提出了“五水共治”的口号。因此，可以预见，转型升级的前半期将是水处理行业持续发展的窗口期，后续随着治理的完善度不断提高，水处理行业的发展速度将逐步降低。相关领域的企业也发展成熟，因此应快速抓住该窗口期，获取最大的市场份额。

总结：

随着中国制造 2025 战略的实施，“十三五”规划的发布及相应行业配套政策的落地，不只是以上行业，还将会有许多行业迎来发展机遇。各企业应根据各自的核心竞争力应积极响应国家号召，选择合适的细分行业，走稳健发展的道路，将企业做大做强，推动中国向制造业强国迈进。

第三章·优术

升级，就是企业提高迈向更具获利能力的资本和技术密集型经济领域的能力的过程，即企业在产业链和价值链上位置的提升，一般通过创新和整合来实现。

迈向中国制造2025的升级之路

转型升级可以从两个层面来理解：转型和升级。转型，就是从一种状态向另一种状态的转变，包括转行和转轨，前者表现为企业在不同产业之间的转换，后者表现为不同发展模式之间的转变。升级，就是企业提高迈向更具获利能力的资本和技术密集型经济领域的能力的过程，即企业在产业链和价值链上位置的提升，一般通过创新和整合来实现。

对于不同类型的企业，该如何进行选择呢？

3.1 小微企业转型升级之路

小微企业是国民经济发展中必不可少的一员，虽然规模小，但数量庞大，在稳定增长、扩大就业、促进创新、繁荣市场和满足人民群众需求等方面，发挥着极为重要的作用。

小微企业这一概念是由经济学家郎咸平教授提出的，它是小型企业、微型企业、家庭作坊式企业、个体工商户的统称，目前主要指那些产权和经营权高度统一，产品（服务）种类单一，规模和产值较小，从业人员较少的经济组织。

从中国税收方面来讲，小微企业主要包括三个标准：一是资产总额，工业企业不超过 3000 万元，其他企业不超过 1000 万元；二是从业人数，工业企业不超过 100 人，其他企业不超过 80 人；三是税收指标，年度应纳税所得额不超过 30 万元。符合这三个标准的才是税收上说的小微企业。

从以上小微企业的概念和税收方面的标准我们可以看出，小微企业特征是：自身的规模比较小，处于生产链的低端，生产技术和装备都比较落后，资金和实力都很弱。

影响小微企业发展的问题

小微企业发展的问题综合来讲，可分为两部分：内部问题和外部问题。

内部的问题

自主创新能力较弱。由于小微企业自身的规模小，资金

和实力都很弱，用于产品研发的费用也极其有限，缺乏技术人员，导致其在创新方面也较弱，在技术上主要以模仿为主，因而产品科技含量较低，与产业发展的要求相比有较大差距，发展后劲不足。

市场竞争力不强。小微企业多为粗放型、劳动密集型、微利型企业，市场竞争力多数不强。小微企业生产的产品相当部分处于产业链中低端，由于技术创新方面投入少，造成产品的档次、技术含量比较低，产品附加值不高。

品牌意识淡薄。小微企业大部分都走模仿道路，没有品牌意识。许多企业只求产量，却不注册商标，直接影响了企业品牌的树立，这样的模式很难形成自己的核心竞争力，一旦市场产生变化，会直接影响小微企业的生存。

管理方式落后。小微企业规模小，管理方式比较简单、粗放，在经营上大多采取低成本、低价格的营销策略，这种营销策略在产业扩张期可以顺利进入市场而营利，取得较快发展。但长期来看，对于企业的发展还是很不利的。

外部问题

信息技术应用缺乏。抛开政策的外在因素来说，信息技术应用少也是制约小微企业发展的因素。如今“工业 4.0”的时代已到来，而国内大部分小微企业对于信息技术的应用还很缺乏。如今国家提倡“两化融合”、“互联网 +”等概念，传统产业正在不断地和信息技术、互联网技术、大数据等技术相融在一起，信息技术的应用为调整和升级产业结构奠定了良好的基础。

小微企业的转变之路

目前国内经济下行压力增加，市场比较低迷，小微企业的发展面临许多困境，很多小微企业也开始认识到创新和转型升级的重要性，但是，转型带来的风险以及转型方法的欠缺使得小微企业常常裹足不前。因为转型关系到企业的成败，企业在这种情况下通常不敢贸然转型。

强化竞争力

目前国内经济已进入“新常态”，小微企业应该转变自己的发展和竞争意识。在以往，小微企业生产的产品成本较低，大家都走模仿道路，没有形成符合自身企业情况的产品特色和优势。如今在经济新常态下，传统的生产条件发生显著改变，市场比较低迷，小微企业提供的商品、服务在市场上的竞争优势日趋下降，因此小微企业要想开拓市场，在激烈的市场竞争中占有一席之地必须创新技术，研发新型产品，亦或树立品牌意识，由品牌带动附加值。不仅如此，企业还需要在服务上下功夫，以此带动核心竞争力，提升竞争水平。在经济新常态下承担好开发新产品，提供高质量服务的责任，对自己的核心竞争力不断地培育、提升，符合市场的发展规律，最终凸显小微企业的竞争优势。

拓宽发展空间

现在小微企业发展的局面是竞争加剧、市场收窄，很

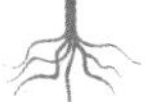

多市场已不能让小微企业实现营利和发展，因此小微企业要明确自己的市场定位，不能盲目跟风，要不断细化市场，以自身的市场定位为基础开发出富有特色的产品来赢得市场。要积极参与竞争，通过竞争不断完善自己，提升各种资源的利用效率，同时也可以依托国内市场，打开国外市场，寻找新的发展空间，这对小微企业的发展具有很大的促进作用。

信息化与企业发展战略的深度融合

在工业 4.0 时代，互联网是主流的商业模式，所以面对激烈的竞争环境，小微企业要想立足，首先要做的就是进一步强化信息化建设。在信息化方面，2015 年 5 月 5 日，工业和信息化部召开 2015 年中小企业信息化服务信息发布会，会议上中小企业司许科敏副司长明确表示将实施“互联网 + 小微企业”行动计划。计划中提到推动互联网技术应用。加强工业云平台对小微企业的服务能力建设，提供面向小微企业的在线研发设计、优化控制、设备管理、质量监控与分析等软件应用服务。支持电信运营商、信息技术服务企业、互联网企业等实施专项计划为小微企业提供电子商务、移动互联网应用解决方案等服务，推动小微企业创新业务模式、扩宽营销渠道、改进产品服务。

在企业中充分地普及信息化，让企业从传统的管理模式走向现代化的管理模式，极大地促进企业的管理效率，在小微企业的发展战略中深度融合信息化建设，这对小微企业建设以客户为中心的经营模式极为有利。同时，使用大数据进行分析，为企业的决策提供翔实的资料和参考，这也是未来各类型企业决策的模式之一。

小微企业的转变实操方案

首先，需要强调的是，小微企业的升级也是针对有企图心的企业，如果满足于现有的盈利状态，小富即安就不需要做转型做升级。

发展定位：转还是升

小微企业升级是不容易的，在转型之前，必须在原来有相对优势的业务领域站住脚跟，树立起信用与口碑。这是小微企业最欠缺的，必须通过业务的执行结果来树立信用。这个过程是无人可替代的。

如果在现有业务领域内，尚未建立起相应的信用，则企业考虑的不是升级，而是更换业务领域二次创业，如果是创业则不在本书所考虑的范围。

所以小微企业必须清楚地意识到自己所面临的选择是升级为主还是转型为主。

发展方式：升级还是边升级边转型

"企业不转型升级将前途暗淡，转型升级却又力不从心。"这是诸多企业面临的两难选择。小微企业注定了资源非常受限，因此可腾挪的空间并不大。我们给予的建议是升级为主。毕竟，对于小微企业来说，即使被大企业占据了 90% 的市场，剩下的 10% 的市场空间也足以支撑其未来若干年的成长。因此，对于大多数小微企业而言，首先要采用针尖战略，集中资源形成局部相对优势，在细分市场实现盈利。在实现了盈利之后再实施转型，其中有两方面的原因：

1、企业主可以在实现盈利的过程中积累到必须实践才能获得的经验，有助于后续的升级或转型。

2、在实现盈利后，可以有相对富裕的资金用于投资。不论是投资于升级还是投资于转型，特别是转型，失败的可能性较大。盈利之后，可以承担起一定次数的失败，不至于难以东山再起，丧失信用和信誉。

升级的关键点：注重微创新

成功的企业在客户、渠道、制造、品牌、产品、研发等方面都会有其独到的优势，对于小微企业而言，无法完全抗衡市场和大企业，但是通过各方面的微创新而实现企业的快速发展。下面的案例可以给我们以启示。

微创新让他不断走向成功

山东乳山养殖户王志刚靠着在大海里养虾养生蚝赚了几十万，过上了小富即安的生活。一天，有朋友介绍了蓬莱的一家食品加工企业给他，该企业想订生蚝的货，但是需要 1 年内交货 1000 万斤。这是一个不可能的任务，因为生蚝的正常生长周期是 3 年。一般人都放弃了这个市场机会，但是王志刚没有轻易放弃！

生产模式微创新：从养种苗到养瘦生蚝

荣成也是山东的生蚝养殖基地，但是由于海水肥力下降、养殖过量等方面的原因，造成生蚝肉质消瘦。也因为肉质不肥，荣成的生蚝价格便宜只要5毛左右/斤。王志刚从荣成购买成熟的但是不肥的生蚝，转运到乳山海域，放入箱笼里面进行培育。由于乳山海域的养分充足，半年到一年的培育期，生蚝就可以达到90%的肥度。

王志刚不仅规避了种苗死亡的风险，又大幅度降低了养殖周期，成功地实现了不可能的任务。

养殖微创新：降低养殖密度

客户订购全壳、半壳、纯肉三种生蚝产品，但是市场的品味逐渐向全壳转移。王志刚打算把全壳作为自己的主打产品，但是按照原来的养殖方式，品相不好，达不到客户的要求。于是王志刚大胆地降低养殖密度，这也将降低养殖量，会给养殖场带来损失的。

但是王志刚又成功了，通过降低养殖密度，提高产品品质，由于单价的提升，反而实现了产值30%的成长。

市场微创新：反周期上市

夏天的烧烤摊上生蚝是最常见的食物，但是生蚝产卵季节都在六七月份，基本上肉不好，质量不好，只有吃冷冻，因此北方夏天餐桌上的生蚝，绝大部分都不是新鲜捕捞的，而是前一年冬天就提前冷冻的冰鲜生蚝。6月到9月是新鲜生蚝的空档期。

当他听说一种新的三倍体生蚝，可以实现6月到9月反周期上市，已经被省水产部门育苗成功，他立刻在自己的海域率先投放了这种生蚝。王志刚又成功了。

渠道微创新：从分销到分销加直销

生蚝的产业链在山东沿海已经发展的比较成熟，养殖、加工、销售等环节的企业分工明确，上岸以后只卖 3 元一斤的生蚝，经过多个环节的层层加价，等端上了大中城市的餐桌，价格就飙升到了 15 至 18 元一个。不仅中间差价巨大，而且新鲜度也有问题。

王志刚注意到了这点，2015 年，王志刚自己开了网店，直接面向市场进行销售，让自己的利润变得更高。一年可多收入几百万元。

智能制造是这个时代的特征，涉及企业的方方面面，核心是满足客户的不同需求。从业务流程上讲，可以包括：研发产品、生产、仓储、销售（市场运作、渠道开发）、运输、服务。对于小微企业来说，不可能从 1.0 时代全面迈入 4.0 时代，但是选择其中某个方面进行突破是可行的。在王志刚的案例中，电商直销渠道就具备 4.0 的时代特征。他在其他微创新方面，虽然没有引入信息化的技术，但是这些微创新点的源头都是他主动观察注意到的客户需求变化，并实现对需求的满足。这本质上就符合了智能制造核心思想：满足客户定制化的需求。

因此，小微企业可以不成为全面的智能制造企业，但是可以在某些方面达到智能制造的标准，关键是具备智能制造的核心思想。在这个阶段，神似比形似重要，同时要借力，借助公共的信息化平台来提升竞争力。

结束语

小微企业应加强自身的竞争力，主动加快互联网融合的速度和深度，通过运用互联网思维实现小微企业经营模式、商业模式的创新和变革。整合线上线下各类资源，实现在产品创新、生产制造、营销等环节的规模化与定制化的统一，以数据为驱动，以客户为中心，最终完成企业的转变，以适应经济新常态背景下的发展。

3.2 中小企业转型升级之路

中小企业是实施大众创业、万众创新的重要载体，在增加就业、促进经济增长、科技创新与社会和谐稳定等方面具有不可替代的作用，对国民经济和社会发展具有重要的战略意义。

中小企业一直是中国企业的庞大组成部分，随着大众创业、万众创新的兴起，这一组织也在逐渐壮大。随着经济进入新常态，工业 4.0 时代的到来，中小企业的发展也面临着诸多现实问题。如我国许多中小企业的还停留在工业 2.0 时代，生产技术和装备水平都比较落后，另外，创新能力不足、低端产能过剩、知名自主品牌少等也是我国中小企业普遍存在的问题。

中小企业的发展困境

自 2015 年以来，一片唱衰的市场的基调下，国内制造

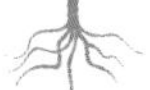

产业增长乏力，中小企业也面临多种多样困境，总结归纳主要有以下几点：

成本困境。成本是中小企业能否实现盈利的基本要素，如今原材料价格的不断上涨，人口红利的减少，用工荒的出现，劳动用工成本节节攀升，这些都导致了中小企业利润持续下滑。

融资困境。由于中小企业的先天条件与自身信用问题，金融行业对中小企业的扶持力度不够，国家也缺乏专门为中小企业发展提供融资服务的政策性银行，中小企业贷款普遍非常困难。中小企业通过发行股票和债券融资的渠道也不畅通，上市融资更是凤毛麟角。企业发展后续资金没有保障，社会融资成本太高，让多数中小企业难以承受。

技术困境。多数中小企业承接的往往是相对落后的工艺和设备，加之企业技术创新人才的匮乏，创新投入资金来源不足，技术创新严重不足，技术创新能力与水平不够，大部分中小企业在技术、设备、人才、信息等方面不具备优势，严重制约企业的技术创新。

中小企业的发展方向

针对中小企业发展面临的困难和问题，近些年来，政府出台了一系列稳增长、促改革、调结构、惠民生、防风险和推动大众创业、万众创新的政策措施，随着这些政策的逐步落实，中小企业发展将迎来许多新的有利条件和积极因素。

在国家政策支持下，中小企业在突破困境的前提下，首先要找准发展方向，才能对症下药。

技术创新。技术创新是企业发展的核心驱动力，所以技术创新是一个绕不开的话题。在中小企业中技术创新更多地有赖于研发的资金来源，这对于中小企业经营来说可能是不可承受之重。但是，如果局限于利润的层面，企业只能保持一时的发展，在纷变的市场竞争潮流中，终将会被淘汰，所以企业要将目光放长远一些，这样可以保持持续的成功。

商业模式创新。商业模式，是指企业价值创造的基本逻辑，即企业在一定的价值链或价值网络中如何向客户提供产品和服务，并获取利润。商业模式创新则是指企业价值创造提供基本逻辑的变化，即把新的商业模式引入社会的生产体系，并为客户和自身创造价值。一个很现实的例子，目前在互联网的冲击下，传统的商业竞争环境已被改变，企业的利润已日益稀薄，很多企业从传统模式向互联网模式转变，从而实现盈利。商业模式的创新是促进产业模式升级、促进发展质量和效益全面提升的关键，也是企业竞争的关键。

加深信息化应用。信息化一直是国家在大力推进的，是一种趋势。在工业 4.0 的时代，国家推出的《中国制造2025》、“互联网 +”计划，都将信息化提到一个新的高度，所以信息化应用是企业的必经之路，用信息化手段可以提高效率，降低成本，提高企业的管理水平和竞争能力。

中小企业该如何转型升级

中小企业的转型升级的提出由来已久，但到底如何转型升级，却让很多中小企业感到很迷茫。

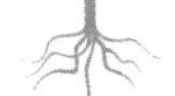

升级也就意味着企业要创新，即所谓的产品升级、技术升级，做出比以往更具有优势的技术和产品。在《中国制造 2025》中提到将促进中小企业转型升级，实现“专精特新”发展。进一步提高中小企业“专精特新”水平，发展一批主营业务突出、竞争力强、成长性高、专注于细分市场的专业化“小巨人”企业，不断提高发展质量和水平，走专业化、精细化、特色化、新颖化发展之路。企业要基于现实状况，瞄准客户的需求，勇于创新，这样才能拥有更多满足用户需要的产品和服务。

国家提出的“互联网 +”战略，其中“互联网 + 中小企业”行动计划已成为我国“互联网 +”行动计划的重要组成部分，这为中小企业的转型提供了一个可以搭乘的高速列车。中小企业应该把信息化当作企业发展内生要素，在设计、生产、经营、管理、决策等环节，应用新一代信息技术，特别是互联网技术，充分开发和利用企业内部信息资源，实现信息流、资金流、物流的有效集成和综合管理，优化资源配置，形成在互联网环境下可持续发展的新的竞争力。

另外，转型还可以向转行方向发展，目前一些新兴行业，由于受国家利好政策影响，发展势头不错，这也可以作为企业的一种转型方向。但转行是一件有风险的事情，需要企业自我把握是否适合走这条路。转行方向可分为：

1、企业可以保留主业不变，从主业发展，拓展进入到新行业。

2、在资金充足的情况下，原有行业已拖累企业自身发展，企业可退出原行业，完全进入新行业。

中小企业的转变实操方案

中小企业过了小微阶段，在市场上已经得到了立足，甚至在某些细分的领域有了不错的成绩。如果说小微企业是舢舨，只能在湖面、运河航行，那么中小企业已经是小汽轮，能在大江大河上行驶了。这个阶段，企业会感受到来自行业巨头的市场压力，同时对于某些领域，比如对跨省市场、乡镇市场缺少掌控的能力，两头市场空间都受挤压，中小企业需要破茧。

发展定位：转还是升

转还是升，对于中小企业而言，需要根据企业的市场战略来丈量。如果看到的是一个市的市场，那么当在细分市场达到本市的领先水平的情况下，可以进行关联性转型升级。如果看到的是一个省的市场，如果仅仅在本市达到领先，还需要继续努力，争取在省级市场领先后再考虑关联性转型升级。

发展方式：升级还是边升级边转型

在这个阶段，由于资金、客户、市场、经验、人员等方面中小企业积累比较多，因此可选择性比小微企业要多，只升不转，先升后转，先转后升，边升边转都可以成为其选择。

与小微企业相比，中小企业的成长空间受到了大企业的挤压，正常情况下的市场空间并不太大，因此中小企业也是

需要采取针尖战略，将资源集中在关键领域使用，实现以点到面的突破。

只升不转，适用于非常专注的企业，同时企业在行业内已经获得了相对的竞争优势，有能力进一步提升。

先升后转，适用于对行业或对主业看好的企业。在主营业务获得成长，赚取足够的利润后，利用较充分的资金进行关联性转型。

先转后升，适用于有较好的市场机会，能够赚取利润，反哺主业。

边升边转，适用于主营业务稳定，有较为稳定的现金流，能承受转型失败的损失。

就大部分中小企业而言，资金受限，10 个瓶子 8 个盖是常事，而转型的失败概率是比较大的。因此，对于中小企业的建议是以升级为主，转型为辅。

升级的关键点：心有多大，舞台有多大

中小企业要么局限于某一地域，要么局限于某一细分市场，跨界的综合能力较小。因此，转型升级的核心在于企业家本身的心有多大，看得有多远。

心有多大，包含两层含义，一是企业家对自己及企业的期望值；二是企业家的心胸是否能团结凝聚更多的人。期望值高，目标远大，企业家必然渴望不断升级。心胸宽广，必然能团结凝聚人才，带领企业走得更远。

升级或转型切忌步伐迈得太大，超出了可控的范围。升级或转型除了资金层面的因素之外，另外一个重要因素就是找到相关领域合适的人才。转型升级要少摔跤、不摔跤，重要的因素是减少不确定性，减少不

确定性的最好办法就是找到相关的具备经验的业内人士。

在中小企业中，核心团队已经构建形成，升级或转型的过程就是一个团队不断扩充的过程，团队战斗力是企业成长的核心。新构建的团队或新引进的人才，他们的融入需要企业家拥有更大的心胸。

相对于小微企业的独门绝技，中小企业已经具备了团队作战的能力。因此，在实施智能制造的过程中，业务流程中研发产品、生产、仓储、销售（市场运作、渠道开发）、运输、服务等方面，可运作的方面比较多。

首先，核心是市场。中小企业借助互联网平台、SaaS软件等公共的信息化平台，仅需付出较少的费用就能享受先进的 IT 服务。在小微企业都在使用的情况下，从成本的角度、效率的角度，中小企业没有理由不用。如阿里的钉钉，企业级的社交平台，可以进行电话会议；如缤纷逍客，典型的 SCRM 软件，一机在手轻松管理客户。

其次，是生产。在品质要求提升的客观情况面前，如何运用有限的资金，选择关键的岗位，通过技术的手段，实施制造升级，是现实的问题。在制造过程的智能化进程中，中小企业需要量力而行，切忌贪大求全，以解决实际问题为主。

再次，是研发。研发是资金消耗大户，对于中小企业，能进行产品研发已经是非常有魄力。智能研发是很大的挑战，但也不是不可能。在现代的产品研发过程中，为了精度、为了质量，需要很多高级辅助设计软件，如果企业缺少相应的技术能力，同时目前无法长期承受相应的人力资本，将产品研发外包给具备智能研发的企业也是常用的方式。

至于仓储、运输、服务等方面的智能化，则显得不是那么迫切。

对于中小企业，通过一定的方案组合，使自身达到 4.0、3.0、2.0 在一家企业共存，则已经取得了相当大的成功。

转型升级已是中小企业的必走之路，但转型升级不是一朝一夕的事情，要循序渐进。在转型升级中，难免有阵痛，企业要敢于面对现实正视困难。在目前政策利好的情况下，中小企业应善于把握住政策的机遇，坚定信心，脚踏实地，不图虚名，务实进取，中小企业一定会迈上新的台阶。

3.3 大型企业升级之路

大企业是国家产业竞争能力提升的重要载体。新世纪以来，我国企业在做大做强做优的道路上取得了令人瞩目的成就，为我国综合国力的提高打下了坚实的基础，大企业已成为国民经济的重要支柱和国家竞争力的显著象征。

据发布的 2015 年世界 500 强企业名单显示，中国上榜企业继续保持强劲增长态势，达到 106 家，比上年度增加 6 家，上榜企业数量稳居世界第二，中国大企业与国际大企业之间的规模差距正在进一步缩小，已经成为世界经济增长的重要动力源泉，是世界 500 强新生力量的重要来源。

虽然中国大企业在过去的几年取得了不错的成绩，但我国目前仍处于工业化进程中，大而不强的问题依然突出，与国际大企业相比还有较大差距，中国大型企业自主创新能力不足、品牌质量、产业结构不合理等问题长期存在。

自主创新能力投入不足

在小微企业、中小企业的发展问题中我们都提到“创新”这一问题，大企业已有足够的资金及能力去创新，但从2015年世界500强的中国企业中投入创新的比例来看，中国企业研发投入处于一个很低的水平。

目前我国大量企业还是以引进技术、组装生产为主，企业在制造业产业链中仅赚取组装的利润。技术对外依存度依旧很高，出口产品附加值和技术含量不高。在对未来发展具有关键性、颠覆性影响的重大技术创新上，欧美国家的领先优势和我国的弱势地位形成鲜明对比。

品牌建设落后

品牌影响力是指品牌开拓市场、占领市场并获得利润的能力。在如今经济全球化迅猛发展的现状下，推进品牌战略、培育世界知名品牌已成为世界各国抢占国际国内市场、带动本国经济发展、跻身经济强国的重要法宝。

由世界品牌实验室发布的2015年《世界品牌500强》排行榜数据来看，入选国家共计27个，从品牌数量的国家分布看，美国占据500强中的228席，英国以44个品牌入选超越法国位居第二，法国以42个品牌入选屈居第三，

中国内地仅有 31 个品牌入选，这与中国大企业的数量相比，明显不相称。

虽然中国已经成为世界第一制造大国了，但是中国企业的品牌和欧美的品牌之间的差距还很大，自主品牌的缺失加剧了中国企业在跨国市场中的从属地位，品牌建设的缺失已成为中国产品走向全球市场的软肋。中国企业在国际知名品牌建设方面，还需继续努力。

产业结构亟待优化

在发布的中国企业 500 强榜单中，大企业更多分布在冶金、建筑业、一般有色冶金及压延加工业、煤炭采掘及采选业等传统的重化工特征显著的行业，在现代服务业与先进制造业中的分布较少。

在发布的 2015 年世界 500 强中，中国内地上榜企业覆盖了全部 63 个行业中的 29 个，而美国大企业出现在 48 个行业大类之中。在中美两国企业均有分布的行业，中国企业在重化工特征突出的行业更占优势，美国企业则在现代服务与技术性产业更占优势，中国大企业尤其在现代服务业发展方面还存在非常大的差距。

从以上数据看出，中国的大企业大部分都分布在传统企业中，在高技术产业、环保产业等新兴产业相对落后，产业结构分布不尽合理亟待优化。

企业发展的对策

现阶段，我国经济正处于增速换挡、结构调整、动力转换的重要时期，面临诸多不确定性和风险挑战，中国经济步入新常态。经济从旧常态到新常态，经济增长速度下行是不可避免的现象。对于经济新常态，广大企业要全面认识新常态，主动适应新常态，积极引领新常态，深入分析发展中存在的矛盾和问题。

加强和提升企业技术创新

国务院发布的《中共中央国务院关于深化体制机制改革加快实施创新驱动发展战略的若干意见》为大企业实施创新指明了发展道路，我国大企业必须坚持自主创新与市场导向、国家发展需要相结合，坚持科技创新与体制机制创新、管理创新相结合，坚持立足当前和谋划长远相结合，坚持掌握核心技术与提高系统集成能力相结合，制定符合自身实践的科技发展战略，增强自主创新能力。

我国大企业的科技创新贡献仍有较大提升空间，企业应继续加大对科技研发的投入，企业应根据自身的优势与市场情况选择适合自己的技术创新战略。

要实施自我主导下的开放式创新。开放式创新主张以市场需求为原动力，以尽快形成优势产品为目标，总成技术或核心技术自己开发，或以我为主与其他单位联合开发；配套技术或一般技术全球采购，将合作视野放宽到“内外部、上下游、国内外”。在创新过程中，不排除引进先进技术，以解决关键环节的“卡脖子”因素，但着力点是培育自己的核心能力。我国大型水力发电设备、高铁之所以成功，关键就在于在引进的同时坚持了自主研发。

落实创新驱动发展战略，提高全要素生产率，是调结构、转方式的根本所在。只有掌握核心技术、拥有核心竞争力，在关键技术领域占据制高点，企业才能在未来的竞争中获得主动权。

加强品牌建设

品牌的打造是一个长期的过程，不可能一蹴而就，需要付出艰苦的努力，要做到“以质取胜”。目前国内企业很多出口产品，并非以高质量取胜，而是以低价格取胜。打造品牌的前提，企业要重视质量。中国企业应向国际企业看齐，注重产品的品质，没有质量就谈不上品牌，更谈不上国际知名品牌。必须坚持以质取胜，精益求精，从“以价取胜”向“以质取胜”转变。

把握国家政策机遇

如今国家为做大做强，先后推出了一系列的重大战略决策，如“中国制造业 2025”，“一带一路”战略、可持续发展战略等，这些大战略的实施无疑将对企业发展产生直接影响。中国大企业应高度重视，把握机遇，顺势而为，及早做出关乎企业长远发展的战略抉择。

《中国制造 2025》战略规划，明确要实施国家制造业创新中心建设、智能制造、工业强基、绿色制造、高端装备创新等重点工程，希望通过“三步走”来实现中国的制造业强国目标。

企业应紧紧把握中国制造 2025 等国家一系列重大战略实施带来的机遇，坚持走质量效益型发展道路，大力实施创新驱动发展战略，不断增强活力、提升国际竞争力，在进一步做大的基础上扎实做强做优。

充分利用互联网＋

2015 年最火热的概念应该是“互联网＋”，几乎所有企业都在思考什么是“互联网＋”，如何实施“互联网＋”。“互联网＋”计划将信息技术和互联网发展提到了一个新的高度。信息技术、互联网的发展，前所未有地拉近了企业与消费者之间的距离，引发企业组织、市场竞争和产业发展等多方面的变革，极大地推动了产业分工的深化和经济效率的提高。

海尔的互联网发展

2014 年 3 月，海尔推出了一个互联网平台来管理经销商及小卖家，这个平台叫作巨商汇，是一个 B2B 的生意管理平台，做熟客生意。所有上线的经销商必须经过厂家的认证，且一个地区只能有一个，认证后方可进入品牌商的线上渠道管理体系，提交订单、付费、货品流通等。而且，巨商汇并不通过买卖双方的交易获得佣金，它的商业模式是免费为买卖双方提供技术平台，再以服务的方式收费，比如金融机构给经销商提供贷款，巨商汇会向金融机构收费。

目前在海尔，像巨商汇这样创立于海尔之内、发展于海尔之外的内部创业公司有 200 多个，它们被称为“小微公司”。

在互联网时代，分布式管理是企业获得快速成长的较好方式，海尔亦希望以这种管理方式，完成企业的网络化转型和再次高速成长。但这种转型不只是组织架构上的“失控”，还包括战略方向的调整、业务流程的落地等系统改造。海尔集团董事局主席兼首席执行官张瑞敏认为要适应互联网时代就必须完成这一转型，他相信分布式发展比中控式发展更能让海尔实现第二次高速成长。

大企业的转变实操方案

发展定位：转还是升

对于大企业来讲，转型是一个脱胎换骨、突破自我、求新求变的过程，要破旧立新，要破除过去创造成功的优势，然后成长出新的能力，所以转型对于大企业是一件有挑战的事情。企业要转型还是升级还要从根本入手。

转型方面，企业要做好减法，现在国家正在去产能、去污染，这必定会对一些企业的发展产生影响，企业面对严重亏损的业务要赶快“止血”，不能抱有幻想。

升级方面，大企业要加大研发投入，大力发展技术含量高的装备，推进国际产能和装备制造合作，推动我国制造业增强能力，坚持走新兴工业化和信息化融合之路，顺应新一轮科技革命和产业变革趋势，深入推进信息技术与制造技术的融合，提升企业数字化、网络化、智能化制造水平。

发展方式：制定转型战略

大企业的转型还是比较困难的，可谓“牵一发而动全身”，现在市面上有很多企业转型成功和失败的案例，企业在考虑转型时，需要先自己把脉，深入分析市场、技术、资源、政治等外部环境因素，明确调整方向，确定具体目标，制定出符合自己的发展战略，适合自己的才是最好的。

升级的关键点：眼界要宽

在国内竞争惨烈的背景下，国际化不失为一条出路。大企业应将眼界放宽一些，不只局限于国内市场，现在“一带一路”政策，正是企业对外发展的机遇。通过国际竞争来看到自己的不足，向国内外领先企业学习，思而改进，进而提升企业的竞争力。

3.4 智能制造的顶层设计

随着《中国制造 2025》的持续推动，产业界的响应呈现星火燎原的态势。2015 年，在江苏省的一次调研显示，江苏省规模以上工业企业中有 7000 家左右已经实施了 ERP 系统，在这 7000 家当中有 2000 家左右期望实施智能工厂项目。

如此多企业都想试试智能工厂项目，但隔行如隔山，企业如何才能做到心中有数地去实施呢？

首先是自我前置评价。在实施意愿强烈的情况下，在这里更多讨论的是客观条件。企业需要实施智能工厂的前提有：

企业当前的财务状况

智能工厂的实施将给企业带来并行的财务压力，一方面人工成本仍然在，另一方面又要投资智能化且金额不小，因此在短期内是否有充足的现金流储备应对非常关键。不能因此而引起其他重大问题，如现金流断裂，如引进不合格供应商等等。

ERP 实施情况

智能工厂是数字化的精益生产，精益生产的核心是成本

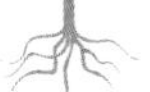

控制、质量保证。如果没有 ERP 的支持很难说能进行到位的成本控制。如果没有 ERP 也能进行良好的成本控制，企业也就没必要上智能工厂项目了。因此，实施 ERP 是实施智能工厂前提。

IT 支持能力

系统集成商等供应商的持续支持是主要的技术支持方，但在系统运行过程中，故障的判别、问题改进的确认、小问题的自我解决、与供应商的技术接口等基础性维护工作都必须有自有技术人员，否则很容易因为小问题引起生产线的大故障，进而引起产品交付或产品质量问题的集中出现，让企业忙于应对。

从根本上说，由于企业的大批量生产、长期运行，都依赖于整套系统的长期运行，因此整套系统的可靠性，必须得到保证，必须具备初步的 IT 支持能力，并在项目实施过程中培养、引进相应人才。

整体策划 实施的边界

智能工厂是一个包括智能产品、智能生产、智能仓储、智能运输、智能现场服务、智能能源管理、智能厂区、云平台、大数据处理、智能设计、仿真试验等方面的大系统。但是，是否有必要实施所有的模块？分几个步骤实施？由哪个车间先试点？必须由企业进行界定。

需求的确定

当企业在制定需求的时候，会发现需要落实的内容很多。针对大量扁平的需求，会给供应商带来困惑，同时供应商提供的解决方案就会显得复杂，从而也提高了价格，延长了项目周期。这对于企业来说是不合适的。

在制定需求的时候，企业应根据发展战略，制定若干阶段的需求。每个阶段需要完成的模块及模块的相应功能，这些模块及功能实施的载体是什么。

在第一阶段首先选择当前业务中必须要解决的问题。

同时，如果企业有申请政府项目补贴的需求，那么在制定需求的时候就必须将项目补贴的标准纳入其中。

选择合适供应商

需求确定之后，就可以进行供应商的选择。供应商的选择应该强调，合适的是最好的。但由于行业的限制，制造业企业接触的智能工厂供应商非常有限，因此，有几个原则需要遵循：

1、合适的是最好的。

2、懂行业的是适合的。

3、资质业绩不可少。

4、最好就近。

5、服务很重要。

寻求第三方的支持

如果不具备较强的 IT 能力，且企业本身缺少相关的资源，但是对智能工厂工作足够重视，那么可以考虑引进专业

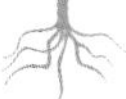

咨询公司进行相关指导工作，协助企业完成最重要的前期规划工作，甚至于供应商的选取。

项目实施

项目实施的过程中，需要有相关岗位的人密切配合供应商项目组工作，一方面推进项目，另一方面培养内部 IT 人员。

专项申请

2015 年是中国智能制造的元年。工信部不仅公布了 46 个试点示范项目，还批准了 94 个智能制造专项。政府是非常鼓励企业进行智能工厂项目实施的，并且给予了相应的补贴。工信部出台了智能制造专项，地方各省市出台了相应的《行动纲领》，如《中国制造 2025 浙江行动纲要》（浙政发〔2015〕51 号）、《中国制造 2025 北京行动纲要》（京政发〔2015〕60 号）、《中国制造 2025 江苏行动纲要》（苏政发〔2015〕16 号）等等。因此，符合相关条件的企业不要错过申请的机会。

注意事项

整体实施智能工厂之后，企业内部的各个信息系统，如 ERP、MES、CRM、CAPP 等等将被打通，因此这里就不得不提一下工业信息安全。

一方面，企业内网范围扩大，安全隐患点自然增加。另一方面，互联网与企业内网有了接口，病毒更加容易侵入。因此，在 IT 系统建设时，需要充分考虑信息安全的建设，包括软件、硬件、流程制度等等。

第四章·践行

不同层级的企业需要不同层次的智能化，从当下中国企业发展的需求分析，本书选取了与中国制造2025相关的重要行业的一些智能化案例，以飨读者。

中国制造2025在身边

在本书的成书过程中，我们接触了不少企业，他们表达了各自不同的需求。不同层级的企业需要不同层次的智能化，从当下中国企业发展的需求分析，我们选取了与中国制造 2025 相关的重要行业的一些智能化案例，作为本书供读者参考借鉴的重要资料。

4.1 案例1：精确的工艺过程设备控制是新材料的突破口

当我们都在谈工业 4.0 的时候，作为工业 4.0 的核心，装备的智能化，却很少被重视和提及。殊不知，装备的智能化是工业 4.0 的基础。

中国有二三十家碳纤维公司，但是实际上主要的是三家能够生产 T300 及以下的碳纤维，年产也就在 2000 吨左右。而更高级的 T700、T800、T900，尤其隐形飞机、导弹、火箭等用的 T800、T900 国外对中国是严格封锁。

“我们要做的事情就是实现高端碳纤维材料的国产化，打破国外的技术垄断。但是这个过程走得非常不容易。在攻关的过程中，碰到了诸多的问题。当工艺原理经过实验室验证之后，进行批量生产转化的过程中，高端设备成了一个极大的瓶颈。”中梦科技有限公司李总经理回顾历史不由得感慨道。

要制备高性能碳纤维必须首先做到原丝高纯化、高强化、致密化以及表面光洁无瑕，杜绝杂质缺陷和均质化以保证能够达到高强度牵伸性，高温炉的温度要达到 1300~1800℃，石墨化炉的温度甚至要达到 2000~3000℃。这些数字，如果靠传统自动控制方法显然无法达到，只有靠高端装备和装备自动化来实现。

中梦科技有限公司李总经理继续说到 :“我们的技术团

队是研究新材料的，在转向生产的过程当中，我们也会自行研制一些设备，但在某些关键的设备上，由于没有专业的技术团队支持，一度使得我们产生迷茫，甚至怀疑我们的工艺原理是否过关。当我们一次次地在实验室验证成功，而在生产线上一次次失败之后，我们意识到，需要一支专业的技术团队来支持我们。

这只技术团队需要有和我们一样的奉献精神，需要有工艺基础，需要有先进的控制方案。很有幸，我们找到了中控，中控就是这样的一支团队。该公司在接到任务后，调集该公司最优秀的工程师组成项目团队，发扬‘敢为人先、追求卓越、诚信务实、勤勉尽责’的企业精神，为该项目制定了全流程自动控制解决方案。”

精确的温度控制是工艺固化的先决条件

由于批量生产的设备在体积上、容量上都大大超过了实验室设备，导致了一系列的问题，其中大设备的温度可控性、一致性一直是困扰他们的问题。

首先是聚合釜内的温度控制。通常聚合釜内有大滞后、釜内各部位温度分布不均的问题，会造成品质不均匀，影响产品质量。中控摒弃传统的 PID 控制模式，分析对温度产生影响的各个因素，采用自行研制的先进优化控制技术，成功地实现了对影响温度控制各种因素的解耦，进而实现了温度的精确控制，保证了产品的质量和品质的均匀性。

其次是对于高温碳化炉的温度控制，这正好是中控最擅长的领域。北京水立方的泳池水温，25 米 ×50 米 ×1.5 米这么大的容积，中控把整个泳池不同区域的温差全部控制在 0.5℃，得到各国奥运健儿的称赞。

我们相信，中控一定能把高温碳化炉温度控制好。

中控技术研究中心李主任说，高温碳化炉的控制比起北京水立方泳池又是另一个挑战。在一个高温炉中，要把炉子的温度控制在一个温度点上并不难，要在一个炉膛内划设不同的温区，各个温区之间要实现不同的温度梯度，而且各温区的温度要控制在工艺设定的精度范围内非常困难。

首要的问题是各个相邻温区之间会互相扰动，而且温度的控制又是个大滞后的控制，这就是自动控制的难度。要实现精确的控制必须先分理出各种影响温度的因素，然后找出各种规律，建立起相应的控制模型，才能有效地做到精确控制，在这里简单的 PID 控制模式显然无法做到。碳化炉见图 4.1。

面对客户的信任，中控在这个要求在上千度温度的碳化炉上实现了与水立方同样的控制精度，而且在不同的温区实现了不同的温度梯度，保证了纤维按照工艺要求碳化，为生产高性能碳纤维提供了保证。

图 4.1 低温、高温和超高温碳化炉

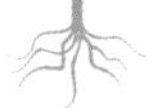

高精度的同步运动控制

如果到现场的生产车间，你会看到长长的生产线，整个工艺过程中主流程就有 25 道工艺。在这个过程中，碳纤维需要数百台传送辊做到同步运行。千万别小看了这些传送辊，通常人们看到的一缕丝，实际上是由数千根乃至数万根碳丝组成，传送辊从起步到加速、到稳定运行，需要完全地同步。为了实现纤维的性能，还要求各辊之间有一定的牵伸比。之前，中控尝试了很多方案，其他的技术团队也进行了一些工作，但是最后都放弃了。

中控的技术团队一方面在生产线不断研究装置及工艺特点，一方面将信息反馈给后方的建模团队，快速反应，不断迭代更新。终于通过高速的光纤通信技术，以及专门定制的控制模型实现了数百台传送辊高精度的变频装置控制。最终，中控工程师们采用高精度的变频控制技术，不但实现了同步运行，在速度上还可以按照工艺要求的牵伸比进行调节。

全面的监控让国宝级技术安枕无忧

由于项目的性质，我们需要设置严密的电子围栏、视频监控系统和门禁及巡更系统，组成一整套安防网络系统。对现场防护目标进行准确、实时的监控，能清晰显示和记录防护目标的图像，从而实现 7×24 小时连续不间断视频监控，无论何时发生入侵事件都可以迅速、适当、有效地做出反应。

采用智能视频识别技术的图像分析处理能力，通过高技术的计算机辅助处理，实现了入侵检测、遗弃物检测、徘徊检测、摄像机被干扰或破坏检测、物体移动检测、对象尾随等功能，在相应的显示设备上发出报警信号并自动记录到存储设备。

入侵检测：智能视频分析报警应用系统 7×24 小时连续不间断监控，不仅可以检测防区破坏，还可以检测入侵无人区域和禁止或限制的区域。同时还可以规定移动方向，当个别人从异常方向穿越防区或进入防区却没有离开时系统将会报警。

摄像机被干扰或损坏检测：当监控防区内的摄像机受干扰或损坏时，智能视频分析报警应用系统能够通知安保人员迅速做出反应。

当工作人员刷卡或指纹进入工作区时自动联动环境在线监测系统启动照明设备，自动联动智能视频分析报警应用系统对现场视频监控画面录像存储，离开时自动关闭照明设备并停止视频录像存储；当出入口门禁管理终端非法开启时，自动联动智能视频分析报警应用系统在相应的显示设备上切换到现场视频监控画面并录像存储，同时发出视听告警信息；照明设备应处于关闭状态，若照明设备处于开启状态，自动联动电力隧道内部环境在线监测系统将照明设备关闭。

现在，当走进这个生产线，人们可以看到，机器在静静地运行着，现场只有一两个人在巡检，有时会停下来记录某仪表的数字。而所有的操作与控制，都是由现场的仪表将各种数据传送到中央 DCS 系统，DCS 系统负责对各车间基础设备的集中控制与管理。在中心控制室，人们通过各个 DCS 的工作站监视着生产的顺利进行，电脑的画面上显示着生产线上各部位的参数曲线，当然也能够显示各种历史趋势曲线，各时间点的设备状况，甚至记录操作者以及该人的操作轨迹记录。

评 价

当前，全球碳纤维核心技术被牢牢掌控在少数发达国家手中。一方面，以美日为首的发达国家始终保持着对中国碳纤维行业严格的技术封锁，使我国对高端碳纤维研制艰难；另一方面，国外碳纤维行业领先企业开始进入中国市场，悄然占领低端市场，大有扼杀中国本土碳纤维企业的趋势。

目前全球的总产量大约为 5 万吨，现在由于新能源电动车的出现，全球的缺口超过 60%，日本东丽目前的产量是 2.1 万吨，未来有增产一倍的计划。德国的 SGL 现在产量是八九千吨，它制定了未来增产 3 倍的目标，主要是在新能源电动车领域。

该项目成功的突破，使得中国不仅在低端碳纤维而且在高端碳纤维领域有了自己的供应保证，同时也为广阔的新能源汽车提供了新材料支持的基础。

4.2 案例2：两化融合助力医药企业高效提升效益

雅本化学是一家生命科学领域中集研发、生产、销售为一体的高科技企业，致力于合成高效、低毒、低残留的农药产品和新型、高效的医药产品。是杜邦公司、梯瓦公司等国外著名企业的战略合作伙伴，是国内重要的医药中间体生产厂家。

“虽然雅本化学在产品的投入很大，但早期在产品生产线上自动化及基于自动化信息采集及管理方面的投入并不多，甚至比较落后，公司产品的生产过程大多为流程性化工反应过程，原来的生产大多依靠人工完成。随着生产规模和可实现功能不断扩大，化工生产所配置的生产装置规模和复杂度也大幅度提升，仅仅靠人工进行生产控制已无法满足化工企业的生产需求。”雅本蔡董事长介绍道，“由于历史、观念和技术等方面的原因，我国农化行业自动化水平与发达国家相比有很大差距，已远远不能适应农化行业的科技进步。近些年来，自动化的研究逐渐被人们所认识，自动控制在农化行业上的应用越来越受到重视。2013 年底，雅本化学与国际著名公司合作，生产农药高级中间体，以替代从国外进口原料，启动了 BAT75 、BAT99 项目建设，为雅本化学管控一体化的实施带来契机。”

缺少工艺支持，装置也能控好

“医药企业的核心竞争力在于其产品的研发能力，竞争力的体现在于产品的专利及属于不可外泄的工艺过程与配方。为了保证产品的质量，必须进行自动化的受控生产。但是由此带来的公司机密的外泄成了隐患。公司为此也曾经举棋不定。”雅本毛总经理如是说。“但是客户是上帝，质量是赢得客户最重要的因素，尤其是医药类产品，因此公司最终决定一定要上该项目。困难变成了选择一个合适的自动化供应商。”

“当我们获知该项目机会时，凭着我们的直觉，我们能胜任，于是公司组织了相关的技术专家组成了项目组，与项目方进行沟通。”中控技术研发中心王副主任说，“但沟通的难度超出了我们的想象。BAT75、BAT99 项目工艺技术保密，工艺路线及工艺条件都在国际著名公司的工程师脑子里，项目无正规工艺设计。”

“在其他供应商面对问题，知难而退的时候，浙江中控却迎难而上，和我们还有工艺提供方的专家反反复复地沟通，赢得了我们的信任。”雅本毛总经理如是说。

项目经理余经理说：“项目团队完全靠与工艺提供方、用户反复交流获得的杂散信息，梳理后做出初步的控制方案与设备选型，然后与工艺提供方、用户展开多次讨论，多易其稿，做出了完整的控制方案。”

针对重点、难点工艺，浙江中控通过一些复杂控制软件包：如热水罐前馈 - 串级温度控制、反应釜复杂控制优化包、间歇生产过程柔性化控制软件包等解决原生产上的瓶颈，赢得了工艺提供方、雅本的好评。

雅本毛总经理在产品检验处指着装置说，“有了这些智慧的装置，需要高精度控制各项参数的中间体得以顺利地投产。新增加的产品，以其高品质赢得了战略合作伙伴的信任。DCS 控制系统投运后，通过对生产过程中的多种设备进行自动化生产管理和控制，有效地提高了企业的生产效率，降低了管理成本。自动化生产水平得到显著提高，使生产更加稳定，产品合格率达到 99.6% 以上，年生产能力大幅提升。”

信息化实现了多厂协同柔性管理

为了长久地保持公司核心竞争力，公司自成立以来，重点加大了对自主研发的投入，引进了多名国内外高科技人才，组成了一支由博士、硕士及化学专业本科人员合理搭配的专业科研队伍，并系统地建立了工艺研发组、工艺优化组、工艺分析组等细分研发体系；逐步形成了定制研发服务和自主开发产品两大业务模式。研发部根据客户不同需求可提供从临床前研究、临床研究及至上市等各个阶段的生产工艺研发服务支持，能够迅速为客户开发出可行、高效的化学合成工艺路线。同时研发部紧跟世界医药、农药行业的发展潮流并结合自身的技术与资源优势，致力于开发一系列市场容量大、技术含量高、附加值高的医药、农药高级中间体以及一些特色药物产品。

近年来雅本每年的在研项目都在 10 个以上，同时雅本有上海雅本、南通基地、盐城基地、苏州基地、张江研发中心，从研发到批量生产的过程，涉及到大量的协同工作，相互间的信息交互效率是一个瓶颈。同时，大数据时代来临，雅本也在思考产业升级如何借势突破？信息化、自动化技术又能为企业发展释放多大空间？在劳动力、信贷融资、原材料等发展要素成本不断上涨的背景下，这些都是处于转型拐点的雅本迫切需要解答和实践的难题，而依托“两化融合”寻求转型路径也成了普遍性选择。

雅本顺应时势发展潮流，在基础自动化的基础上着手投入较大的资金，与浙江中控继续合作进行信息化建设，实施“两化融合”，重金招聘专职信息化建设人员，各个子公司和工厂均设立了“两化融合专员”，在信息系统、网络硬件、信息安全、队伍培养和人才储备等多方面打下较好的基础。

雅本化学的“两化融合”工作主要围绕管理信息化和生产过程自动化以及管理信息化和生产过程自动化的数据共享与资源整合来展开。“两化”工作以管理信息系统的建设、过程监控系统的建设、制造执行系统的建设以及各系统间的数据互通和整合工作为主线，实现生产过程、产品检测、产品销售、采购仓储和日常管理的信息化，生产、检测装备的自动化与管理信息化和装备自动化高度融合。

数字化工厂建设是雅本公司“两化融合”的重点工程。具体建设过程中主要围绕信息技术与生产制造过程的融合，采用自动化控制设备、生产线和实施先进过程控制和制造执行系统，实现生产过程的实时监测、故障诊断、质量控制和排产优化，深化生产制造与仓储物流、采购销售、运营管理等业务系统的综合集成，通过信息技术实现设计、制造与管理一体化集成应用，实现产品开发、生产制造、经营管理等过程的信息共享和业务协同。提高集团信息化管控水平，促进企业组织扁平化、决策科学化和运营一体化，增强企业资源共享和业务整合能力。

信息化建设基本实现控制信息与生产管理信息的有机集成，使雅本的信息化建设提高到一个新的水平，同时基本实现网络化经营目标。信息化为工业化生产提供了强有力的智能支撑，而工业化在不断推动信息化升级换代。雅本建立、实施和改进两化融合管理体系，促使雅本稳定获取了预期的信息化成效，打造和提升了雅本在信息化环境下的竞争能力。

“自从投产之后，公司的营业收入增长了 19%，利润增长了 30%。同时，工艺参数仍然掌握在我们自己手中。公司上下对此非常满意！”雅本管理层给出了靓丽的答卷。

评 价

雅本高度评价了该项目，项目团队按照雅本制定的项目标准管理模式，从项目整体工程设计开始，设备单体调试、指导，相关设备静、动态联调，设计指标达标达产测试，直至竣工资料整理都达到了要求。同时，由于生产过程的关键工序采用 DCS 控制，对具有危险性较大的工艺单元设置自动控制和应急停车处理系统，提高了产品生产技术和安全控制水平。DCS 系统的运用还使员工的劳动强度明显降低，真正达到了企业对生产过程的安全、稳定、高效、优质和低耗的要求。

项目竣工后，雅本化学基于浙江中控雄厚的技术实力与良好服务，把自控维保任务也承包给浙江中控，体现出对浙江中控的技术能力和服务态度的高度认可。

4.3 案例3：从百万分之18到百万分之8

广东美芝（简称 GMCC）创建于 1995 年，注册资本为 5527 万美元，经营范围包括开发、设计、制造家用空调用压缩机、电机、零部件，销售并提供安装和保养服务，目前空调旋转式压缩机全球市场占有率突破 40%，连续十年全球第一，是唯一一家年销售额超过 100 亿元的全球空调压缩机企业。

“GMCC 早在 2012 年开始布局智能制造，目前已建成以客户订单驱动 (HCM)、供应链快速拉动 (HCS)、内部物流高度协同 (WMS)、制造全过程高效透明 (MES) 为主要特征的敏捷型数字化工厂，实现了产供销无缝衔接，市场反应速度明显加快；从客户接单、计划排产、供应商备料，到生产出货，达到全流程的快速协同，实现了交期、效率、成本等各项指标的突破，形成了 GMCC 的软实力，为 GMCC 核心竞争力提升和市场份额提高提供助力。”介绍起 GMCC 的智能制造，GMCC 向总迅速展现了 GMCC 工厂的智能化蓝图。

凭借完善的品质管理体系、有效的体系管控措施、持续的改进创新行动和稳定的作业人员配置，在工程返回率方面，GMCC 近年来一直保持在 18PPM 以下，具有行业领先优势（见图 4.2）。然而，从

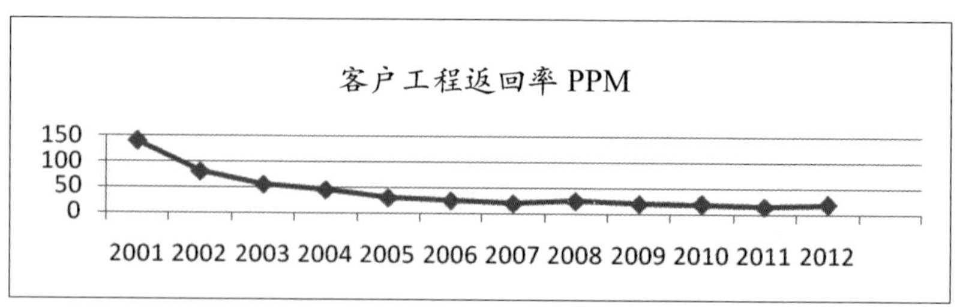

图 4.2 GMCC 的客户工程返回率统计

2012 年开始，工程返回率没有明显的变化，作为追求完美的 GMCC 一直在寻求突破。

GMCC 品质管理工程师介绍道："工欲善其事，必先利其器，要将产品质量做好，第一件事，就是打好基础。对于制造型企业而言，'基础'就是各种制造设备。"据了解，GMCC 生产基地总占地面积约 56 万平方米，拥有 160 余套先进的行业研发测试设备，实验室通过 CNAS 国家认证、德国 TÜV 认证、美国 UL WTDP 认证；累计 28 条总装生产线，约 4460 台（套）生产设备设施。"各种先进的设备构建了数字化工厂，极大地提升了产品生产效率，同时保障了产品质量。在默认的心理作用下，我们忽视了对设备的主动性管理，对设备的主动性管理成了我们质量管理的盲区。在进一步降低工程返回率 PPM 的驱动下，我们发现，虽然我们对单台设备都有相应的管理制度，但还存在不少问题。"

智能设备是 PPM 的海绵

首先，由于设备自动化程度的提升，很多设备成了黑匣子，对现场员工而言，其状态是不可见的。设备磨损造成的加工误差，肉眼也无法识别。这种情况下，对设备故障进行安灯报警就存在漏报。等到设备加工出不合格工件时，已经不可避免要增加工程返回率了。

其次，维护过程处于人工状态。中心派任务到现场技术人员维护过程主要靠手动录入，维护信息刷新效率低，不具

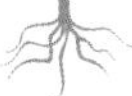

备及时性。由于盲区的存在，长久以来没有将现场设备的故障报警结果分项分类去统计，未能达到通过大数据的经验分析更有效维护管理保养设备的手段。

再次，产线的可靠性是产品品质保障的基础，为了及时掌握产线设备状态，及时主动地介入设备的故障前处理，需要简单直观的实时管理界面，使得企业中心和现场控制室都无法将现场设备实时状态一览无遗。但这一环是空白。

最后，当 GMCC 思考这些问题的时候，发现 MES 系统在设计的时候并没有考虑这些因素，排产系统无法及时得知现场设备的状况。无法获得产品的不良率，从而对设备生产过程的 OEE 绩效目标进行改善。

面对这些问题，GMCC 将问题抛给了自动化供应商——研华，研华迅速为 GMCC 提供了相应的定制解决方案。

研华方案挤出了海绵里的水

研华项目经理陈经理介绍说，“根据 GMCC 的需求，研华充分发挥了产品优势和定制能力优势，为 GMCC 量身定做了方案，通过 EKI-1361 或者 ADAM-4571 连接现场带串口的 PLC 控制器，进行网络化数据上传，而且可以根据数据采集点的需要实现有线或者无线数据传输，减少人工维护量。系统中，UNO-2483G 作为现场协议转换网关内嵌 WebAccess 组态软件，负责对 PLC 非标准的协议进行统一标准化转换，并负责对采集的数据进行备份及打包上发，最后，WebAccess 通过远程网络对现场设备上传的数据进行处理分析和显示，并把所有数据存入数据库（见图 4.3）。同时 WebAccess 还作为中间件，连接客户

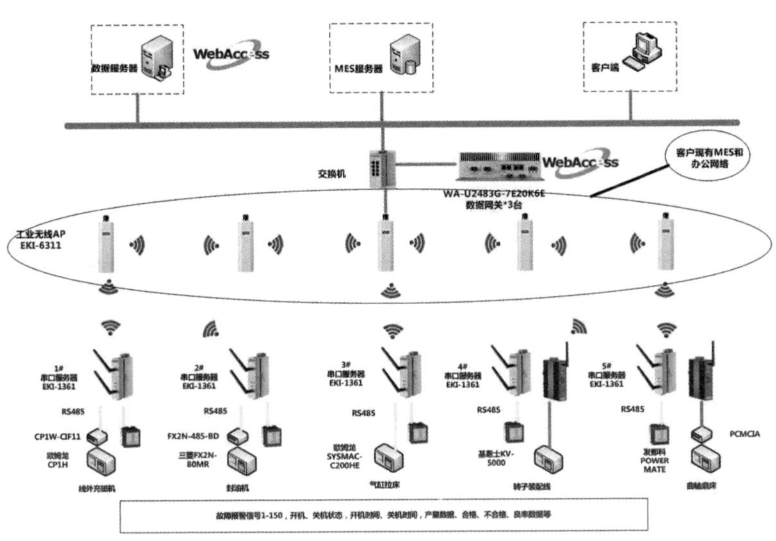

图 4.3 设备数据采集方案系统框图

的 MES 系统数据库，提供完整准确的数据。”

“研华不仅提供了硬件的解决方案，而且通过 WebAccess 给我们提供了丰富的软件功能，非常贴合我们的需要。”GMCC 相关负责人说。

在项目实施后，设备点检不但有序而且有记录实时录入。现场员工在触摸屏设置点检项目序号（以最大量为设计），每天按班次在（两班或三班，可在触摸屏设定）自动提醒点检操作，按设定的时间触摸屏弹出点检画面，员工按点检表格点检完成后，将点检结果输入触摸屏（OK 或 NG），默认 OK，点击项目编号切换 NG，选择提交后数据记录，NG 的项目可请求 PM 修理。

针对产线运动设备多的特点，系统非常贴心地提供了点检时的设备润滑管理：系统可设定标准补油周期及补油量，设定上下限，超出报警，到了补油周期，会在生产线终端上自动提醒；同时系统根据上传数据提供的信息统计，生成油品消耗分析图，对设备润滑情况进行分析。与此同时，设备油量液位，通过 PLC 以数字量定时将液位情况传送到系统，由系统根据设置分析耗油数据情况，如耗油速度及液位安全量报警，有补油及异常信息可直接通知相关人员。另外通过对静态精度的数据分析，计算项目变化趋势，设置精度上限，及时警示异常精度异动。这些措施，有效地减少了设备的磨损，提高了设备的加工精度、可靠性和使用寿命。

当设备出现故障需要维修的时候，现场员工可以通过系统查找设备备件清单，并在更换后记录备件的操作过程，实现备件寿命的分析；并根据备件耗用数据，结合生产数据，分析使用合理性与库存合理性。

由于产线的品质管理提升，需要不定期的修改设备的参数。在设定的过程中存在人为输入错误的可能性。为此该系统对工艺参数监控管理，将数据存储在固定的 PLC 地址，MES 定时读取地址数据，连接工艺系统。对比工艺参数差异，超出工艺参数设定标准会报警，工艺参数返写 PLC。

系统实时监测设备的各种运行信息（轴承监测、流量监测、表面温度监测、压力监测、电流监测等），利用标准及异动异常状态设置标准，在设备实时采集数据出现突发性异动或持续恶化状态时，能够进行预警提示。同时，系统实时分析设备的运行情况，停机时系统自动记录宕机时间、停机类别（品质调整、设备段取、计划停产、点检保养、计划保养、设备换液等），并自动统计设备运转 - 故障 - 停机时序图。针对设备故障，系统根据统计设备故障类型与时间节点，可以生成时间段及区域分析报表，如故障时间报表、故障次数报表、OEE 报表、故障率报表及相关推移图等。

经过设备数据采集项目的改造，MES 数据采集平台原每天手工录入前一天生产数据，改为实时上传。MES 数据采集平台月度盘点差异大幅减少，部品单月从上线前的 460 万元下降为 9 万元。更重要的是，在系统上线之后，由于设备可靠性的提升，降低了加工差错率，使得 GMCC 工程返回率从 2012 年的 18PPM 降低到 2015 年的 8PPM，GMCC 成功地突破了工程返回率瓶颈。

额外的绿色生产助手

品质管理部任总监进一步介绍说，研华设备数据采集系统提供了设备各项参数，包括部件终检数据、过程测量数据、压缩机性能数据、过程抽检数据、精密监测数据等，并将这些信息进行互联分析，分析设备加工的品质，并根据设定的品质管理控制范围，当数据出现连续性的数据异动，系统可以输出报警提示或控制设备直接停止。这套系统已经成为品质管理必不可少的工具。另外，研华还针对设备多、能耗大的特点，实现了对设备的电、气、水等能源的能源数据采集、能源实时监控、能源统计、能源分析、能源结构、能源预测和成本分析。为 GMCC 的绿色生产计划提供了保障。研华设备数据采集系统解决方案在美芝工厂的应用取得了很好的实际效果。

评 价

2012 年，GMCC 开始布局智能制造，目前已建成以客户订单驱动（HCM）、供应链快速拉动（HCS）、内部物流高度协同（WMS）、制造全过程高效透明（MES）为主要特征的敏捷型数字化工厂。同时，GMCC 精益制造以“价值流”为抓手，以“拉动式生产”为实现载体，并行推进 TPM、标准作业、5S、精益培训等生产基础工作实施。近两年成效显著，生产线平均产能每年提升 2.3%，实现了空调压缩机年产能 5100 万台。2016 年 2 月 22 日，广东省政府质量奖出炉，GMCC 凭借卓越的绩效体系，以得分第一的成绩，荣膺 2015 年度广东省政府质量奖。该奖项于 2009 年起举办，每 2 年评选 1 次，每次不超过 10 家企业获奖。GMCC 获得该奖项，体现了 GMCC 对品质精益求精的精神。

4.4 案例4：未来制造 数字之道——西门子的数字化体验

自古以来，有着“天府之国”美誉的成都就是个享受安逸生活的好地方。安逸的生活也许是一众好友相邀打上一局酣畅淋漓的麻将，或三五成群在宽窄巷子的灯影交错间对饮一杯清茶。然而在安逸之外，成都也在不断发生着变化，国家“西部大开发”战略启动后的十余年间，它已成长为地区生产总值近万亿元的经济强市。据统计，已有 200 余家世界 500 强企业在成都落户，制造业、电子信息产业的崛起为这座城市增添了科技的标签。

在这座快速发展的城市中感受到科技为工业带来的变化并不难。在成都高新西区，有一座看起来“不起眼”的工厂，它外观低调朴素，内

部却隐藏着巨大玄机。全厂内实现了从管理、产品研发、生产到物流配送全过程的数字化，并且通过信息技术，与德国生产基地和美国的研发中心进行数据互联。它是一个完整的数字化企业平台——西门子工业自动化产品成都生产研发基地（以下简称“西门子成都工厂”）。

说起“数字化”，其实并不难理解。在西门子成都工厂研发生产一件新产品，它都会拥有自己的数据信息。这些数据信息在研发、生产、物流的各个环节中被不断丰富，实时保存在一个数据平台中。而这座工厂的运行，都是基于这些数据基础，ERP、PLM（产品全生命周期管理系统）、MES（制造执行系统）、控制系统及供应链管理，全部实现了无缝的信息互联，从而造就出了一幅透明工厂的画面。

更精彩的是，这个工厂的绝大多数技术来自西门子自身，可谓一座“自己生产自己”的工厂。

数字化研发：协同快速

成都工厂承担着西门子全球工业自动化产品研发的角色。之所以能胜任，与 NX 及 Teamcenter 等西门子 PLM 数字化解决方案的全面应用不无关系。研发也是数字化工厂“数据链条”的起点，由研发环节产生的数据将在工厂的各个系统间实时传递，数据的同步更新避免了传统制造企业经常出现的由于沟通不畅产生的差错，也使得工厂的效率大大提升。有数据统计，由于数字化工厂协同快速的研发，可将产品的上市时间缩短 50%。

由西门子成都工厂研发的新产品诞生于西门子 PLM 的产品开发解决方案 NX 软件，它支持产品开发中从设计到工程和制造的各个方面，并集成了多学科仿真，还能够提供全系列先进零部件制造应用的解决方案，这是其他计算机辅助设计软件所无法实现的。研发部门的工程师们可以通过 NX 软件进行模拟设计，还可以在设计过程中进行模拟组装，真正实现“可见即可得”。由于 NX 软件的应用而实现的数字化设计，可以大大缩短产品从设计到分析的迭代周期，也减少了多达 90% 的编程时间。产品开发的时间也就相应缩短了。

在 NX 软件中完成设计的产品，都会带着专属于自己的数据信息继续“生产旅程”。这些数据一方面通过 CAM（计算机辅助制造系统）向生产线上传递,为完成接下来的制造过程做准备,另一方面也被同时“写”进数字化工厂的数据中心——Teamcenter 软件中，供质量、采购和物流等部门共享。采购部门会依据产品的数据信息进行零部件的采购，质量部门会依据产品的数据信息进行验收，物流部门则是依据数据信息进行零部件的确认。

共享数据库是 Teamcenter 的最大特点。当质量、采购、物流等不同部门调用数据时，他们使用的是共享的文档库，并且通过主干快速地连接到各责任方。即使数据发生更新，不同的部门也都能第一时间得到最新的数据，这就使得西门子成都工厂研发团队的工作量变得简单、高效了许多，避免了传统研发制造企业的研发和生产环节或不同部门之间由于数据平台不同造成的信息传输壁垒。

数字化生产：轻松高效

小王毕业于成都某院校的电子信息专业，是西门子成都工厂 PLC（可编程控制器）装配工位上的一名普通员工。对比身边的大多数同事来说，他还算是个新人，但这份工作对于他来说并不复杂，这得益于西门子数字化企业平台，将枯燥的制造生产变得轻松。

每天由西门子 MES 系统生成的电子任务单都会显示在小王工作台前方的电脑显示屏上，实时的数据交换间隔小于 1 秒，这就意味着他随时可以看到最新的版本。西门子 MES 系统 SIMATIC IT 包揽了传统制造企业生产计划调度的职能。没有了人工抄写的任务单，省去了不同产线交流的复杂环节。生产订单由 MES 统一下达，在与 ERP 系统高度的集成之下，可以实现生产计划、物料管理等数据的实时传送。此外，SIMATIC IT 还集成了工厂信息管理、生产维护管理、物料追溯和管理、设备管理、品质管理、制造 KPI 分析等多种功能，可以保证工厂管理与生产的高度协同。

在小王的工作台上有 5 个不同的零件盒，每个零件盒上都配有指示灯。当自动引导小车送来一款待装配的产品时，电脑显示屏上会出现它的信息，相应所需零件盒上的指示灯亮起，小王就知道该安装什么零件了。这是由于传感器扫描了产品的条码信息，并将数据实时传输到了 MES 系统，MES 系统再通过与西门子 TIA（全集成自动化系统）的互联操纵零件盒指示灯，从而代替人完成了思考的过程。这种设计可以满足自动化产品“柔性”生产的需求（即在一条生产线上同时生产多种产品），有了指示灯的帮助，即使换另外一种产品，小王也不会怕装错零件了。

西门子全集成自动化解决方案（TIA）在很大程度上替代了人类的大脑、视觉和手臂。西门子用可编程控制器（PLC）来引导生产流程，用视觉系统来识别质量，用自动引导小车来传递产品。通过 PROFINET 现场总线连接并传送数据，不仅使人的工作变轻松了，更能确保生产各环节的可靠、灵活与高效。

西门子成都工厂总经理 Andreas Bukenberger 针对高效生产给出了具体的数字：“成都工厂产品的一次通过率（FPY）可达到 99% 以上。”

小王确认了他装配好的产品，按下工作台上的一个按钮，自动化流水线上的传感器就会扫描产品的条码信息，记录它在这个工位的数据。MES 系统 SIMATIC IT 将以该数据作为判断基础，向控制系统下达指令，指挥小车将它送去下一个目的地。

在到达下一个工序前，产品要通过“严格”的检验程序，以可编程控制器（PLC）产品为例，在整个生产过程中针对该类产品的质量检测节点就超过 20 个。视觉检测是数字化工厂特有的质量检测方法，相机会拍下产品的图像与 Teamcenter 数据平台中的正确图像作比对，一点小小的瑕疵都逃不过 SIMATIC IT 品质管理模块的“眼睛”。对比传统制造企业的人工抽检，这显然要可靠又快速得多。

在经过多次装配并接受过多道质量检测后，成品将被送到包装工位。再经过人工包装、装箱等环节，一箱包装好的自动化产品就会通过升降梯和传送带被自动运达物流中心或立体仓库。

这样一个完整的生产环节，在传统的制造企业要通过几十甚至上百人的手去完成，而在西门子成都工厂的车间内，却看不见密集的流水线员工，大多数的工序都是自动完成的。

利用西门子 PLM 和 MES 的信息互联，西门子还可以根据物料储备、交货时间等信息，在全球的工厂之间实时调配生产计划，以达到资源利用和物料配送的最佳组合。

Bukenberger 说："应用了西门子数字化企业平台解决方案的成都工厂与西门子在中国的其他工厂比较，产品的交货时间缩短了 50%。"而西门子成都工厂的姊妹工厂——西门子德国安贝格电子制造工厂（EWA）目前可实现年产零部件 100 万件，即平均 1 秒生产一个产品，未来的成都工厂将有望冲击这一纪录。

数字化物流：精准有序

说到西门子成都工厂令人惊叹之处，不得不提到其精准有序的数字化物流系统。像小王这样的装配生产线员工，在需要物料时甚至都不必转身，只要轻触工作台上的电脑显示屏，三四分钟后，他所需的物料就会被准确地从车间的物料中间库中输出，并送到他面前。

这一流畅的自动化物流过程背后，是被称为"自动交通"的物料输送环节。自动化流水线上的传感器会对引导小车上产品的条码进行扫描，扫描得到的数据就会告诉"软件系统"

在该装配环节需要的物料是什么，员工按动按钮，物料就会从物料库自动输送出，并通过流水线上传感器的“指挥”送到指定位置，这一过程是“全透明”且不需要人工干预的。这其中发挥作用的是 ERP、西门子 MES 系统 SIMATIC IT 以及西门子仓库管理软件。而这一切，如果在传统制造企业，都是要靠员工看任务单并亲自去物料库中选取完成的。员工不但要频繁往返于工位和库存地点，还难免因为看错任务单而造成效率低下；当任务单出现更新时，也难保证第一时间告知员工。

物料中间库是车间内物料的中转站，其中的物料是依据精益生产的“以需定产”的原则，每天从物料仓库中提取备用的。这其中就不得不提到“拉式生产”的概念，即在生产流程的各工序，只在需要时收到货品，零售商也只会在收到顾客实际需要数量时才会从供货商那里进货。通过这种管理，可以保证工厂能够“适时、适量、在适当地点生产出质量完善的产品”。

更大批的物料存储在布局紧凑的高货架立体仓库中。采购的物料经过质量检验之后都会储存在这里，并通过两座升降梯与车间相连。仓库共有近 3 万个物料存放盒，物料的存取并不用叉车搬运，而是通过“堆取料机”用数字定位的模式进行抓取，不必考虑叉车通过的距离，物料库的设计更紧凑，节约了仓库的空间。空余的空间，则为西门子成都工厂的扩产留出了充足的准备。

数字化企业：制造业未来

数据显示，通过数字化的工厂规划，可以减少产品上市时间至少 30%；通过优化规划质量，可以降低制造成本 13%。而在新产品上市比例、设备生产效率、产品交付能力及营运利润率等多个方面，数字化工厂的指标均远远高于传统制造企业。

数字化制造带来的不只是炫目的科技，还有实实在在的收益，以及支撑企业长远发展的竞争力。这将成为未来中国制造可持续发展的根本所在。

西门子工业利用其在数字化企业平台方面的技术优势与丰富经验，正在帮助中国的制造企业实现着这场转型，将继续影响着中国制造。西门子成都工厂只是一个缩影，中国制造业的数字化蓝图正慢慢展开。

评　价

在制造业汇聚的成都高新西区，许多企业都面临着相似的挑战：当低廉的劳动力成本不能再作为“中国制造”在全球市场上的优势标签，制造企业对于变革的需求更为迫切。

为在激烈的全球竞争中保持优势，制造企业要最大化利用资源，将生产变得更加高效；为适应不断变化的客户需求，制造企业必须尽可能地缩短产品上市时间，对市场的响应更加快速；为满足市场多元化的需求，制造企业还要快速实现各环节的灵活变动，将生产变得更加柔性。而高效、快速、柔性，正是数字化企业为制造业带来的最大变化。西门子成都工厂这样的数字化企业的出现，为未来中国制造的变革方向提供了一个良好的参考。

4.5变频的力量“智”动运转

在巴西，有一监狱因受刑人过多造成管理困扰，于是想出了“踩车发电减刑”这个方法。利用踩三天抵一天刑期的政策让囚犯踩发电自行车，减刑又减重，一举数得。将脂肪转化为电能的概念一时间在全球掀起“健身兼发电”的运动热潮。

在台湾，有一家企业近来就以生产这样的健身绿能系统闻名，那就是位于台中市工业区的宁茂企业。1987 年，一群人满腔热血，以交流马达变频器、辅助控制器、项目研发与系统设计的产品开发成立宁茂企业。创办人林总经理说，当时做变频器撑不过两三年就倒闭的公司很多，但他坚信朋友送他的一句话：“锲而不舍，”带领着宁茂经历工厂迁移大陆潮、金融风暴等产业剧变，一直走到现在。

绿色节能产业需要提升竞争力

随踩车发电的 R-Rider 运动发电健身设备，是宁茂近来研发的新产品，出发点就是把动能变成电能。原理即是踩车健身的同时，也将电力回送市电使用，产生的电力聚沙成塔，即时供应电，成为一个“健身绿能发电站”。发电效率远远超越太阳能、风力发电等绿色能源，踩一小时就能提供笔记本电脑使用半小时，让一般的灯泡亮五个小时。

由于任何会用到机器的行业都需要马达，交流马达变频器又能为企业实现降低电流量、提高生产效率、节省电能等。因此，宁茂涉猎的产业非常广，金属制造业、风扇产业、塑料制品业、工具机业、电子科技、纺织成衣、食品加工等产业领域都有宁茂的客户。多年经验累积，宁茂在行业电能系统运用与管理上有了显著的成果。随着全球变暖趋势的加剧，宁茂不断研究生产节能产品、自动化产品、新能源应用，而这样的方向，正好和近来热议的工业 4.0 概念相吻合。

“外面在谈工业 4.0 都会有提高竞争力的问题，但企业竞争力是一种很笼统的说法，其实说穿了就是为了获利，而制造业的获利方式就是要有生产力。”林总把工业 4.0 看成一种帮助企业解决问题的手段，背后的意义就是要解决现在制造业面临的大难关：提升生产力，只有这样才能保持稳健获利而生存下去。

生产管理计算物料需求的时间赶不上市场需求、随着营业额的成长库存金额却越来越高；订单回复的时间越来越久；生产管理人员的训练与养成越来越困难……这些是宁茂经营层盘点出来目前企业所面临的管理难题，这些同样是现今多数制造业的痛，也是想要通过工业 4.0 解决的问题。林总表示：“中小企业若要好好留在台湾发展，生产力要提升，就得把内部作业流程精实化，并且运用信息与数据的价值，克服困难。”

宁茂的信息化定位

与同业及同等规模企业相比，宁茂很早便应用信息系统协助企业管理，鼎捷一开始就成了企业信息化系统重要组成部分的 ERP 的供应商。对宁茂来说，ERP 不单单是一套购买来使用的 IT 系统，最重要的是拿到数据如何分析产品类别、客户类别、未来方向、竞争优势，甚至知道哪个产品

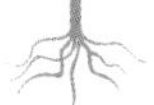

赚钱哪个产品亏钱。很多企业主脑海中只有概念，缺乏数据的论证，这恐怕会影响关键决策的判断，导致企业与获利机会擦身而过。

其实工业 4.0 所谈的物联网、智能机器人、大数据、虚实整合系统等，宁茂早就在默默准备中，因为那正是宁茂与鼎捷十年来构建信息化蓝图的阶段性目标。信息系统的短、中、长期规划，基本上就是依照宁茂每个阶段期望解决的瓶颈而制定的。

宁茂企业薛经理将自身企业推动信息系统比喻为“拼拼图”：“生产管理、业务、制造、研发等都各自是一部分的拼图，但这个拼图要完整，就需要仰仗经营者构建的全貌。”就像宁茂把工业 4.0 当作一种提升企业体质的手段，关键核心还是要解决企业各方面的反应能力。

信息化实现了定制化业务链的协同

从业务端看，客户订单三天一小改五天一大改的状况，对现今的制造业来说已经是常态。既然这是无法改变的现象，制造企业就要想办法通过内部机制来应对。宁茂企业销管处林经理举例：“客户要求又急又快，销售来逼我们，我们再去逼生产，以订单交期来说，以前可能需要一两天才能回复。但现在 APS 帮了大忙，只花一个小时就能掌握回复信息。”

当然系统运作这件事情是孤掌难鸣的，能提供给销管处实时的交期信息，生产管理处必定要有精准的物料信息才能预判生产需要的时间。宁茂企业生产管理处谢副经理表示：“系统的 BOM 表让物料运算速度快很多！”就像宁茂会习惯定期检视系统成效，谢经理对鼎捷的系统也有所期许：“因为我们的材料彼此都有关联性，有时候可能只需要用到 A 物料，但请领 A 就要搭配 B，会导致库存堆积，因此未来我们希望多设计系统条件，让估算更精准些。”

宁茂企业制造处周经理补充道：“导入 APS 后能掌握生产计划到制造的生产进度，制造的缺料情况降到很低，做到一半料还没到的情况几乎不太会发生。齐料生产速度自然就快，就能符合客户需求，整个制造部同仁接受度都很高。”

宁茂企业的愿景是研发节能领域及自动化的产品，并能提升在新能源的应用及持续创新，以成为节能领域的领导厂商为经营目标。因此，宁茂每个职能分别展开了其管控重点。

研发面：为实现新产品的开发，项目进度掌握必须如期，而质量必须保证及持续改善。

市场面：估计每年度有 10% ~ 15% 的增长。

销售面：如何管理业务快速的拓展，接单后又能快速备料使生产排程符合交期。

经过有计划的推导，宁茂成功打造了支持管理信息分析的系统平台，提升了订单的响应能力，满足了达交要求，增加了客户服务的可信度。同时，宁茂建立了排程 Knowhow 知识库，从而将复杂的规划交给系统平台，生产管理人员可以把精力放在经验判断及沟通上，提升整个生管部门的排程能力。产线及物管也能依照生管所提供的产销供需进行采购物料到料、领料及生产派工等执行计划，整个产销机制不会因抽插单变化而断链，从下单到出货的管理流程也得以简化并能如期交货。

然而，宁茂却发现其中的备料节节升高，要如何在满足

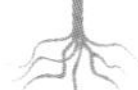

交期的同时，库存水位又不至于过多囤积，提升资金的活用度，成为宁茂要详加管控的议题。

信息化实现企业内部大数据分析：提升库存周转率

虽然建立信息平台后，对于各部门的管理，尤其对库存周转率有了一定的管控，但就整体存货来说，管理单位依旧觉得不满意，期望能够令存货水平持续再降低一些。在鼎捷顾问的协助下，从系统数据检测报告中得知，宁茂的存货相关指标确实有向上攀升的趋势。确认问题状态后，再往下找出造成存货上升的主要瓶颈。

通过数据分析与专家访谈发现，材料存货金额占比最高，扣除为确保客户服务质量的原料，在工程仓也预留供维修使用的原料后，原料存货的比重依旧居高不下。因此，最终锁定原料为后续优先分析及改善的重点。

利用 CEBIT 分析与流程解析找出原因，发现累积库存是因为产销信息断链：过去计划性生产的备料，是由业务伙伴根据历史经验及业绩目标等推导出销售预测，再进行物料规划买料。然而，市场变化大，过往的数据不见得可靠。再者，由于研发的快速发展，新旧料的替代频率加快，过去在购料时未能考虑旧料的有效运用，而直接购买新料造成旧料的累积。另外，还有多估生产计划未适时调整、供需批量失衡的因素。

理清原因后，就需归纳提出改善对策。在销售预测的部分必须藉由与客户保持实时的信息互通，根据客户的回馈及增加销售预测回馈的频率，提升销售预测的准确率，从而提升备料的有效运用，避免呆滞料的囤积。同时，调整取代兼优先耗用、补货策略和备货机制为改善对策与

IT 支持对策，使产销信息平台得以串联。经过近一年的追踪分析，材料存货周转率由 4.24% 提升到 5.62%，整体存货周转率由 4.59% 提升至 7.27%。

落实存货优化规划的行动方案，提升管理精进效益后，宁茂下阶段将推动自动仓储设备智能化整合，朝工业 4.0 智慧工厂迈进，提升企业智能化竞争优势。

林总最后分享了宁茂多年使用系统的心得：“以前都只是解决点状的问题，如只关心订单达交率。鼎捷工业 4.0 计划把各点的问题建设成‘点线面’，将问题跟方法链接在一起，形成全盘概念，各环节的问题都能用数据串起来，将效益价值最大化。”

林总进一步提出，很多企业其实已经在做工业 4.0 的事情，只是欠缺一套有调理的计划掌控进度。宁茂导入信息系统的目的，起初只是为了连接性，把不顺畅的问题解决；使用过程中发现若要更有效益，就必须要有数据的分析转换成企业策略的方向，甚至可以通过数据表现来协助企业选择订单，让系统可以提升为数据顾问提供价值。

评　价

为实现“为使用者带来最好的节能技术、自动化整合与绿色能源技术”的企业愿景，对外，宁茂从个人、校园、企业、政府等多维度建设节能的技术与应用方案；对内，宁茂依靠掌握系统产生的信息流，彼此相互连接来达成更精进的智慧化管理。秉承“科技创造未来，打造绿色生活”的企业使命，宁茂俨然已化身绿色家园推手。

4.6 案例6：用信息化手段重塑乳品安全

蒙牛乳业（集团）股份有限公司成立于 1999 年 8 月，总部设在内蒙古自治区呼和浩特市和林格尔盛乐经济园区，是国家农业产业化重点龙头企业、乳制品行业龙头企业。2009 年 7 月，中国最大的粮油食品企业中粮集团入股蒙牛，成为“中国蒙牛”第一大股东。中粮的加入，推动了蒙牛“食品安全更趋国际化，战略资源配置更趋全球化，原料到产品更趋一体化”进程。

近年来，蒙牛着力整合全球优势资源，先后与丹麦 Arla、法国 Danone（达能）、美国 White Wave、新西兰 AsureQuality 达成战略合作，快速实现了与国际乳业先进管理水平接轨。蒙牛已经建成了集奶源建设、乳品生产、销售、研发为一体的大型乳及乳制品产业链，规模化、集约化牧场奶源达 100% 以上，居行业领先。目前，蒙牛在全国 20 个省区市建立了 33 个生产基地 56 个工厂。2015 年，蒙牛产能达 868 万吨，营业收入超 490 亿元。荷兰合作银行刚刚公布的 2015 年度“全球乳业 20 强”榜单中，蒙牛凭借稳健的综合表现排名第 11 位，已连续 7 年位列世界乳业 20 强。

蒙牛致力于“以消费者为中心，成为创新引领的百年营养健康食品公司”，并将“专注营养健康，每一天每一刻为更多人带来点滴幸福”作为自己的使命。在其使命的促使下，为适应自己管理和发展的需要，蒙牛对质量管理发起了更高的挑战。早期的质检工作都是通过实验室工作人员来完成，质检人员需要将检测结果抄录在纸质的原始记录单上，再按照公式进行计算，人工判定样品是否合格。海量数据的录入、汇总、统计和分析报表也都依靠人工操作，其工作任务繁重，且需要花费大量的时间，为了实现质检的高要求，蒙牛选择了与西门子合作，采用西门子 SIMATIC IT Unilab 平台，全面提升质量系统数字化水平的质量检验信息管理系统 LIMS。

严格选型完美匹配

2013 年，蒙牛开始实施基于西门子 Simatic IT Unilab 平台的质量检验信息管理系统（LIMS）。至 2015 年，系统已全面上线，覆盖蒙牛遍布全国的 36 个生产工厂实验室和两个研发型中心实验室。一个个数据“孤舟”通过 Unilab 连接在一起，由此变成了一艘强大的信息化“舰队”。

从原料入库、加工，再到出厂流通，一包牛奶要经过

35 道工序和 105 项指标的检测，才能最终放心地到达消费者手中。这整个过程中，LIMS 以一双“火眼金睛”对所有原料、半成品和成品的“身份”进行验证，并将它们的“身份证”信息完整储存。

借助 Unilab 系统，蒙牛制定了科学的检验计划，包括采样点、采样量、检测项目和频次，以及检测仪器等，避免了以前人工排期可能造成的偏差（见图 4.4）。

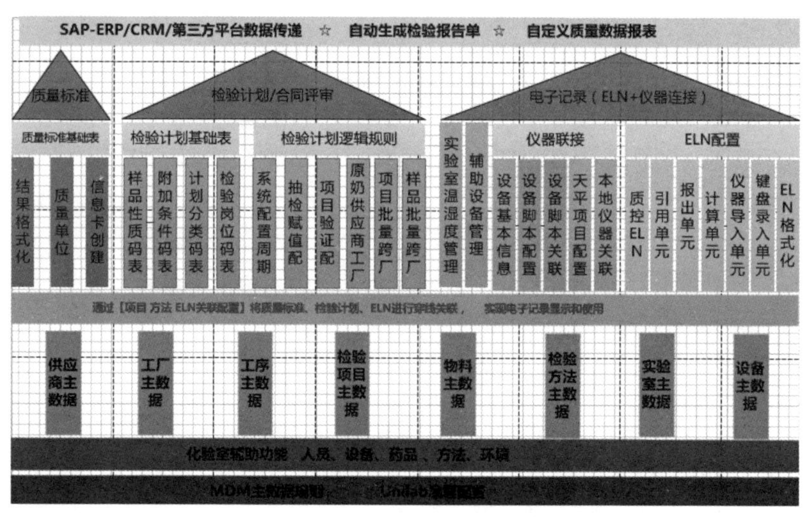

图 4.4 蒙牛的质量检验信息管理系统（LIMS）

全面提升工厂数字化管理

西门子拥有着成熟的乳品行业 LIMS 产品与解决方案，帮助乳品生产商克服各种挑战，系统从规范优化检验和质量控制流程、实验室检验仪器的自动化集成、实验室原始记录的电子化，以及辅助功能全面规范实现实验室信息化管理四个方面提升了工厂数字化管理。

1、检验和质量控制流程完美结合

蒙牛集团原有的检验业务流程更多依赖于人为方式的管理，通过人工的检验计划控制原奶、原辅料、半成品及成品的检验频次，人工管理方式难以避免人为差错。如今通过检验计划的电子化，实现了检验频次的系统自动控制。

质量检验信息管理系统同 ERP 系统无缝链接：所有线上检验任务由 ERP 自动触发，LIMS 检验完成后，其判定结果自动回传 ERP 系统，这是实现蒙牛全面质量管理体系的重要基础。根据质量监控计划信息触发检验任务，质量监控计划信息以物料和工厂为单位建立，包括检测岗位、采样点、采样量、检测项目、检测频次、采样器具，根据质量监控计划信息触发、下发检验任务，然后将检验任务依据检测岗位信息分发至检测岗位对应的工作界面；根据检验任务执行采样、送样和检验，采用手工录入或者自动采集的方式录入检验数据，并根据质量标准进行判定和转序控制。

通过对检验业务流程的梳理，识别原先冗余的业务管理流程，既简化了业务管理的难度，也实现了 QA/QC 的体系控制，优化了检验业务流程，提高了质量管控的水平，为乳品检验的规范化奠定了基础。

2、实验室检验仪器的自动化集成

蒙牛集团的检验设备多种多样，既有大部分实验室通用的气相色谱、液相色谱、高精密分析天平、原子吸收、ICP 等仪器，也有一些乳品行业特有的仪器类型，如乳成分分析仪、FT-120、体细胞检测仪等。这些仪器来自不同的厂家，

具有不同的型号，并且在乳品检验过程中发挥着重要的作用，因此这些仪器与 LIMS 系统的连接尤为重要。通过自动化的集成，检验人员仅需要通过扫描枪扫入样品的条形码，完成检验分析后进行数据导出，仪器的检验数据就完成了自动采集，大大减少了检验人员的工作量，提高了数据的准确度，保证了检验数据的真实性。

系统实现了覆盖蒙牛全国 36 个事业部和两个中心实验室的 66 个型号 2140 台检验设备的连接，仪器平均采集率达到 90% 以上，实现了检验数据的自动计算，极大降低了实验室检验人员的工作量。

3、电子原始记录的全面实施

大部分实验室原始记录均采用人工方式记录在纸质的原始记录单上，需要人工按照检验方法的计算公式进行计算，之后再进行抄录到系统。这种方式的缺陷显而易见，人工抄录和计算容易带来误差，并且计算结果的修约也会增加检验人员的工作量；对检验过程的追溯也变得困难和复杂。通过实施原始记录的电子化，实现了检验方法表单的电子化，用户仅需要在系统中录入，系统自动进行计算、修约和指标判定，既减少了人员工作量，也提高了数据的准确度，同时也保证了数据的可追溯性。

当前系统已经实现 1400 多种检验方法的记录，新增的方法也可以快速通过配置方式实现。实验人员随检测随录入，实现无纸化检验原始记录。

4、辅助功能全面规范实现实验室信息化管理

按照 ISO/IEC17025 体系管理要求结合实际管理需求，实现对人员管理、药品管理、检验方法管理、标样管理、质量控制管理、费用管理、检验信息传递管理 7 部分功能的信息化。

西门子 SIMATIC IT Unilab 平台实现数据的自动预警、分析、实时传输的大数据管理，全面解决了实验室管理与质量控制管理脱离、检验原始记录和仪器链接不能全面有效推行等国内外实验室信息化管理的现存难题，有效结合了乳制品工厂质量工作管理的个性化需求，建立了操作简便，管理科学、严谨，全面升级的实验室信息化系统，大幅提升质量管控水平，为食品质量安全提供有力保障。同时为全面实现“工业 4.0”奠定了基础，开创了乳品行业实验室信息化管理的新纪元。

评　价

对于乳企而言，食品安全是赖以生存的生命线，《食品安全法》实施以来，蒙牛构建了横向覆盖全产业链，纵向强化“组织保障、标准建设、过程控制、评价改善、数字化保障”5 个维度的矩阵式食品安全防护网。在国内，蒙牛是第一家实现 LIMS 系统和 SAP 系统高效协同工作的企业，从原辅料采购、生产制造过程到终端提供智能化、系统化的品质保障，蒙牛建立了数字化的“食品安全质量实时监控平台”，这个具有国际水平的数据看板覆盖到蒙牛的牧场、生产工厂和销售大区，能够实时监测每一环节的食品安全状况。在产品追溯新领域，蒙牛亦率先布局尝试构建一包一码“可追溯 + 战略”，致力推动行业实现每一包乳品的精准追溯。

4.7 案例7：智能管廊：互联、安全、人本

智能制造离不开智慧能源，智慧管线作为智慧能源的重要组成部分，就让我们来看看，杭州是怎么来进行智能管线的实施的。

湘湖以风景秀丽著称，被誉为杭州西湖的“姊妹湖”。为了迎接第二届世界休闲博览会而扩建的杭州湘湖二期工程，需要将“有碍风景”的架空高压线路建成智能管廊。这其中，科技含量最高的是 220 千伏闻象等同杆四回路“上改下”工程，这 4 条电力架空线的改造将在当年 9 月前完成并投入运行。该管廊全线位于湘湖湖底，全长 1327 米，是浙江省首条投入运行的地下“电力管廊”。该管廊北起狮子山，南至湖山茶叶仓库，电缆路径长约 1.02 公里，新建电缆管廊、配套变电工程和通信工程，是杭州萧山全区供电的主要通道之一，计划投资 1.33 亿元。

2016 年 2 月 12 日，正月初五，杭城的最高气温达到 26 摄氏度。国网杭州供电公司电缆运检室运检一班的两位运检员王工和周工，在施工工地、电缆线路沿线等重点区域巡检。除了重点工地，运检员还要检查电缆线路路面上是否有开挖、标志标牌是否清晰、接地箱运行是否良好等，不停地走、不停地看，非常仔细。他们所在的运检一班，负责以城西、城北和市中心为主的杭州主城区电缆运检。

而同属杭州，2016 年接待游客量预计将超过 1100 万人次的湘湖景区，负责电力工作的萧山供电局城厢供电所工作量却少了许多。城厢供电所楼所长说：“这要归功于浙江省首条电力管廊，湘湖二期管廊。”

此前在湘湖 4A 级风景旅游区主景区秀丽的湖面上，横亘着四回 220 千伏高压输电线路，担负着萧山区 50% 以上的工业产值的供电。高压架空线路跨越整个湖面，一方面给游客带来了安全隐患，另一方面

也使得湘湖美景大打折扣。为了杜绝隐患并把最美丽的自然风景呈现给各方游客，风景旅游管理部门一直在寻找机会改变这种状况，湘湖电力管廊的建设项目应运而生。

由于电力管廊在地下延伸，对于电缆本体安全监控、环境因素监控与运行管理等方面均提出了新的要求。解决这些问题的手段方法需借助于自动化技术、综合信息技术与网络传输技术，在实现数据集成与监控的基础上，实现综合管理的功能，这是一个全新的综合监控平台。

消灭信息孤岛，集中监控

通过对国内兄弟单位为数不多的电力管廊的调研发现，电力管廊的监控管理涉及视频监控、对讲话站、数据采集、火灾消防、安防门禁等系统，而这些系统自成系统相互独立，信号上无法兼容，大多在每个管廊均设置有监控室，而且信息基本无法上传，需要设置相应的人员，形成一个个信息的孤岛。

随着国民经济的发展，在一个城市将会有越来越多的电力管廊，如何将各种不同的信号集中到一个信息平台上，在一个中央控制大厅就可以监控整个城市的管廊信息，或者某个经授权的局领导在自己的办公室内，通过自己的电脑就可以看到任何一条管廊的信息，这是湘湖电力管廊在立项之初就对综合监控平台提出的高起点要求。

基于此，建设方杭州市地下管道公司选择了经验丰富的中控集团来实施该智能化监控项目。中控在接到任务后，以丰富的监控系统和网络通信实施经验，为电力管廊量身定制了一套监控和网络通信实施方案。

中控的质量安全管理部钱经理作为本项目的项目经理介绍说：“管廊综合监控系统在功能上综合了电力安全防护监控、管廊综合监控、火灾监控报警、身份识别防护、系统通信、监控与数据集成等。电力防护系统又分为电缆测温、接地电流测量、在线局部放电监测与可遥控电力井盖；管廊监控系统又包括环境监控与照明、水泵、通风机控制主系统，视频监控系统、坚固型 IP 电话系统；系统通讯分为管廊内冗余光纤通信单元、无线覆盖单元，以及远程数据传输单元；监控与数据集成可分为远程监控平台系统与电力生产系统接入平台，及基于地理信息平台的电力生产系统功能扩展。”

该方案消灭了信息孤岛，为供电局集中管理提供了良好的平台，同时也为杭州市的电力管廊的未来发展开创了一个良好开端，打下了一个坚实的基础。

多种措施保障，安全第一

地下管廊中，空间封闭，空气流通不好，电力电缆又集中在汇线槽中，220 千伏的电缆不可避免地产生热量，如果热量堆积的话，将产生火灾。而且管廊内还有通信电缆，如若产生火灾，不仅会造成电力中断还会造成通信中断。

另外，杭州是多雨地区，近年来发生了多起暴雨引起的内涝，甚至出现淹死人的事故。而该管廊又建设在湘湖底部，一旦管廊漏水、进水，造成电路短路、漏电等事故，会进而引起更大的事故。

如果这条线路故障，将造成萧山一半的工业企业停电，2015 年萧山区工业增加值为 899 亿元，如果停电一天将造成 1.2 亿元的直接经济损失。

“我们在考虑供应商的时候，非常关注其安全方面的技术方案和能力。”萧山供电局领导如是表示。

“电力管廊的核心是保障高压电缆的安全运营，以及保障维护人员的人身安全。高压电缆运营安全主要包括电缆的温度监测、高压电缆接地电流测量、高压电缆在线局放测量等内容，通过通风手段解决相关的廊道内的温度与混浊气体的条件保障；采用集水井泵组解决管廊内的排水问题；另外通过人员定位技术、红外防护技术与视频监控技术实现人员识别与非法闯入报警功能，并利用可遥控电力井盖系统实现廊道的封闭与出入管理。”钱经理介绍起相关的安全技术如数家珍。“在项目中，我们在设计和施工的过程中还有许多独到的技术，目前还不便披露。”

机器巡检，以人为本

春暖花开的季节，放风筝的人群多了起来。而且风筝越飞越高，越飞越远，越是空地，飞得越远。每年总有着不少失控的风筝，因此而挂在了电线上，引发的电路故障不在少数。“不好，前方电线上挂着风筝！”负责市区电路巡检的运检员王工和周工，又发现了一起影响电网运营的安全隐患。

图 4.5 湘湖 220 千伏电缆管廊隧道

“我们除了处理风筝之外，还要对接地箱、线缆破损等仔细检查，但人工巡检总有疏漏之处。”

然而在湘湖 220 千伏电缆管廊隧道里却是另一番景象，一台巡检机器人走走停停不断地对电缆进行自动检查。运检员只需要在监控室里点点鼠标就可以了（见图 4.5）。

据介绍，智能巡检机器人能实时对电力廊道内的各种参数进行严密监控，并将采集到的数据实时整理上传供远程遥控人员参考；一旦发现问题，会自动加强巡检；如果发生危险，巡检机器人能进入事故现场，把现场的视频、图像以及空气中有害气体的含量、烟雾报警等数据发送到中控室，还可以充当应急的临时对讲指挥平台，指引受伤工作人员及时离开事故现场。线路运检人员足不出户，就可以掌握电缆隧道内部设备、人员的情况。

除了提供解决方案外，中控正在摸索另外一项模式，中控负责人表示："我们把它称为'合同人力管理'，以区别于合同能源管理概念。即以为企业节省下来的人力成本来支付项目成本的合作模式。对于很多企业而言，这种模式所带来的效益是可见的。"

巡检机器人在廊道内取代人工，对隧道不间断地巡检，这也是全国首次在电力廊道应用智能巡检机器人。城厢供电所所长楼所长对此非常满意，并引以为豪。

评价

湘湖220千伏电缆管廊隧道全线位于湘湖湖底，全长1327米。该工程是第一条可视、可测、可控的智能化电缆隧道。

在1327米长的隧道内的管廊工程中，管廊监控平台集成了高压电缆局放在线监测、接地电流在线监测、分布式光纤测温，内部环境在线监控、视频监控、身份识别与防护屏蔽、紧急对讲系统、可监测遥控电力隧道井盖、星形拓扑光纤通信、前置子系统数据接口等十几项监测技术和功能，各个子系统均能够独立运行，其数据通过前置系统数据接口进行整合，与杭州市电力局输电线路监控中心相连。通过智能机器人不间断巡视，发现异常情况可以适时传输至监控中心，使线路运检人员足不出户即可掌握电缆隧道内部设备、人员的情况，实现综合智能监控与智能逻辑连锁的管控一体化。

该管廊综合监控系统很好地体现了时代特点与优势，攻克了之前的很多难题，无论在设计规划方案的研究层面，还是在项目的具体实施层面，以及管廊建设的标准化方面，都积累了大量的经验。通过该管廊的建设，进一步规范了设计与施工标准，为今后的电力管廊建设提供了建设的依据、设计的标准和设备选型的样板。

该项目质量得到萧山质检站、湘湖管委会、市供电公司的高度认可，中控也因此获得了赞誉。

我国城市仅供水、排水、燃气、供热 4 类市政地下管线长度已超过 148 万公里。如果按照管廊的设计模式，将这几种管道设计为一体，建设管廊长度约为 37 万公里左右，在不计算拆迁等成本的情况下，所需资金就将近 4 万亿元。智能管廊市场巨大，中控大有可为。

4.8 案例8：水泵数字化让虹桥枢纽节能更上一层楼

上海虹桥交通枢纽项目作为新中国成立以来最大的交通项目已实现轨、路、空三位一体的超大型、世界级交通枢纽中心。整个项目集航空港、高速、城际铁路、磁悬浮、城市轨道交通及地面交通车辆为一体。总建筑面积约为 32 万余平方米。最终实现每天 110 万人次旅客吞吐量，

64 000 人次换乘转运量。上海虹桥交通枢纽建筑综合体的特点是占地面积大、空间结构复杂，这就给空调制冷、制热方面提出很高的要求，面对如此大的制冷、制热需求，如何做到节能，给此项目实施提出了很大挑战。

中央空调是现代大型建筑物不可缺少的配套设施之一，它的电能消耗非常之大，是用电大户，几乎占了建筑用电量 50% 以上，日常开支费用很大。中央空调系统都是按最大负载并增加一定余量设计，但通常中央空调系统中冷冻主机的负荷能随季节气温变化自动调节负载，而与冷冻主机相匹配的冷冻泵、冷却泵却不能自动调节负载，几乎长期在 100% 负载下运行，造成了能量的极大浪费，也恶化了中央空调的运行环境和运行质量。而实际上在一年中，满负载下运行最多只有十多天，甚至十多个小时，几乎绝大部分时间负载都在 70% 以下运行。

在暑运期间，上海虹桥站日均旅客发送量超过 11 万人，接近上海站、上海南站两站日均旅客发送量之和。上海虹桥站候车大厅面积超过 6.5 万平方米，立体空间达 180 万立方米，且候车大厅内阳光直射，室内降温难度很大。这么大的“体量”，很难依靠传统的中央空调制冷设备达到降温的目的。

如何达到既能实现制冷制热效果又能降低设备能耗，响应政府的节能减排要求，成了当时上海虹桥机场建设指挥部设备部的实际挑战。

设计院经过分析研究采用了地源热泵的空调方案。地源热泵是一种可供热又可制冷的高效节能、无污染的空调系统。它利用地表水、地下水或地下深层土壤地温为冷热源，以电能为辅助能源，通过输入少量的高品位能源（如电能等），实现低温位热能向高温位热能的转移。冬季，地源热泵把地能中的热量“取”出来，提高温度后供给室内取暖；夏季，把室内的热量“取”出来，释放到地能中去。这种系统不需要锅炉房和冷却塔，具有充分利用可再生能源、可设置回收系统以及充分利用排风余热等优势，既能缓解城市能源紧张情况，又能提升城市环境质量。

赛莱默迎难而上，困难迎刃而解

上海虹桥交通枢纽建筑综合体的特点是占地面积大，空间结构复杂，这就给空调制冷、制热方面提出很高的要求。上海虹桥站是全国第一个大面积使用深井式地源热泵机组制冷的火车站，共有 7 台热泵制冷机组，其中 3 台是地源热泵制冷机组，也就是说，有一半的制冷量来自地下深层土壤。在上海虹桥站深达百米的地下，有 2000 根细管道。中央空调系统制冷产生的热量通过这些细管道被传到百米地下，与温度较低的深层土壤进行热交换。这样，土壤中的冷量就能被用作地源热泵制冷，而存入地底的热量则被储存起来，等到冬季需要取暖时还能循环利用。当地下土壤温度过高，地源热泵会自动开启报警装置，防止热量过量灌入地下，破坏土壤生态环境，这是绿色环保的制冷方式。在此基础上，项目方进一步提出了能耗大户暖通系统的节能要求。暖通项目中标方赛莱默 Xylem（中国）有限公司市场传播经理李经理补充说，“当时上海市政府提出迎世博600天节能减排的要求，这对该项目暖通空调系统的节能要求更是体现了设计上的一大挑战。”

变频技术的日益成熟，利用变频器、PLC、数模转换模块、温度传感器、温度模块等器件的有机结合，构成温差闭环自动控制系统，自动调节水泵的输出流量；采用变频调速技术不仅能使商场室温维持在所期望的状态，让人感到舒适满意，可使整个系统工作状态平缓稳定，更重要的是其节能效果明显，能带来很好的经济效益。基于行业领先水平的三次变频技术方案，作为暖通空调专家的Xylem(ITT) Bell&Gossett，其建筑事业部团队积极配合负责该项目设计的华东设计院设计工程师们和上海机场集团工程部相关人士共同探讨、研究，克服了重重技术难关，成功地完成整个上海虹桥交通枢纽建筑综合体暖通空调系统的设计工作，以技术的绝对优势及富有竞争力的价格赢得了整个项目中的暖通空调水泵及变频控制子项目。最终Xylem(ITT) Bell&Gossett在该项目的暖通空调系统上采用了71台1510系列端吸泵，55台VSX系列和34台HCS3系列双吸泵及37套ITT B&G特有的Technology 5500暖通空调变频控制器。

赛莱默的方案实施后，避免了很多业内常见的问题：如水流量过大使冷水系统进水和回水温差降低，恶化了主机的工作条件、引起主机热交换效率下降，造成额外的电能损失。由于水泵压力过大，通常都是通过调整管道上的阀门开度来调节冷却水和冷冻水流量，因此阀门上存在着很大的能量损失。传统的水泵和电机起停控制不能实现软启、软停、在水泵起动和停止时，水泵起动电流为额定电流的 3~4 倍，在大电流的冲击下电机的寿命大大降低，起动时的机械冲击和停泵时的水锤现象容易对管网造成较大冲击，对机械散件、轴承、阀门等造成破坏，增加管网阀门的跑冒滴漏现象，从而增加维修工作量和备品备件费用。

Xylem(ITT) B&G 最终给上海虹桥交通枢纽中心的旅客及工作人员提供了一个舒适的冷、暖环境，并实现年节约耗电成本 210 万元的杰出节能效果。

强大的综合管理功能

“在项目提出时，我们就希望能实现能源管控的智能化。暖通系统作为其中的一部分，赛莱默没有让我们失望。”项目方事后满意地说。

该系统能够实时采样泵的各项数据，包括：泵站总电压、总电流、电能；每台水泵的单相电流启停状态、故障状态；采集变频器的故障状态；就地 / 远程控制进水电动阀门的开闭；可远程控制水泵机组的启停；进出水压力、水箱液位、水质、温度、出水流量；故障报警信息：过电压、欠电压、缺相、变频器故障、进水压力低、出水压力低、出水压力高、水箱液位低，地面液位高、异常大流量等几大类。

这些数据的采集，使得运营部门一方面减少现场维护人员的数量和劳动强度，另外一方面当系统出故障的时候，能够提高快速维护能力和维护服务工作效率。甚至，可以根据历史经验和运行数据提前进行设备的维修保养，确保系统的平稳运行。

监控软件具备显示、存储、查询、控制、分析、报表等功能；地图上显示全市各泵站位置及状态；显示每个泵站具体信息；泵站出现故障时可及时通过短消息向维护人员通报；经授权的操作者可自由增加、修改、删除泵站信息。

该系统十分熟悉泵站日常控制流程，并对泵站控制中可能发生的情况考虑得非常周密，真正做到全力协助泵站管理者更科学、准确、高效率地对泵站进行管理。泵站系统不仅能在泵站日常维护中更准确地提供常规运行数据，在泵站发生问题时，提供实时报警、专业的顺序分级报警发送手机短消息、泵站独特的阻断设计功能、历史数据趋势图表分析等等。而且能通过手机端来浏览系统的状态，极大地方便了管理者。通过监控软件，提升了泵站整体管理水平。

WebAccess 是我们背后的英雄

“该项目的成功一方面是赛莱默先进的产品技术，另外一方面是研华的 WebAccess 整体解决方案为我们提供了一个贴合的数字化的方案，使得虹桥枢纽暖通项目实现了监测、控制、管理功能一体化，可以说是我们的幕后英雄。”赛莱默李经理客观地分析了项目成功的原因。

面对客户的褒奖，研华项目经理韦经理介绍说：“WebAccess 是研华工业 4.0 解决方案的核心，也是完全基于 Web 架构的 HMI/SCADA 软件。WebAccess 是全球第一套基于浏览器开发的 HMI/SCADA 图控软件，可透

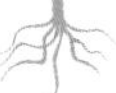

过 IE 浏览器完成所有的配置工程及监看画面，具备强大的网络通讯能力，可进行跨系统接口整合、实时厂区信息收集，并提供可视化的物联网监控平台，借助 Web 平台为垂直市场领域的系统整合商提供更多的接口方式和应用方法，从数据采集方式到图形展示手段，从资料获取到基于 Web 的服务器备援，从单一的数据采集监控系统到全方位智能化系统整合，WebAccess 可提供完整的工业 4.0 解决方案。”

在水泵远程监控领域，WebAccess 也形成了自己的解决方案（见图 4.6）。该方案实现了基于移动云平台的远程监控。方案中的 DTU 采用研华工业 DTU EKI-1321L 和 EKI-1334，它们能可靠地实现将 GPRS 转 RS-485，并支持远程集中管理、批量升级。同时，DTU 配套使用中国移动“物联网 SIM 卡”，采用专用号段和专用网络，使得基础通信服务以及通信管理状态、状态查询、通讯鉴权、质量管理更加安全。

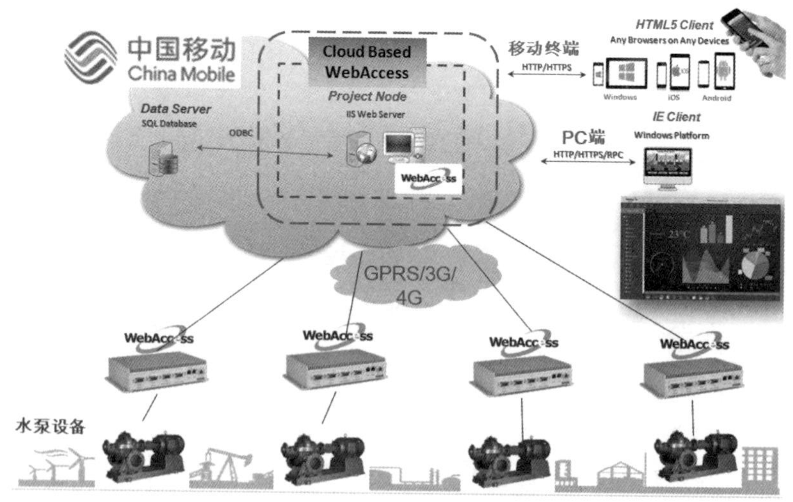

图 4.6 研华 WebAccess 水泵远程监控平台整体解决方案

评 价

2013 年 7 月至 8 月，上海持续高温天气超过 40 多天，40 摄氏度以上高温连续超过 4 天。而上海虹桥站候车大厅的实测温度仅为 26 摄氏度至 28 摄氏度。据车站工作人员介绍，上海虹桥站空调系统控制着 7 个制冷机组，会根据天气变化调整制冷机开启情况。旅客在上海虹桥站乘坐高铁，犹如进入了一个清凉世界。清凉世界的背后有先进的地源热泵系统以及水泵远程监控系统的支撑！水泵数字化让虹桥枢纽更加节能！

4.9 案例9：无线地磁传感器让城市停车诱导更智能

美国邦纳是全球顶尖的自动化技术专家和整体解决方案提供者，拥有四十多年的产品研发和市场开拓经验。邦纳拥有同行业中最为强大的研发能力，位于美国的研究开发中心不断更新邦纳产品，在邦纳，从事研究开发的员工占员工总数的 20%。丰富的产品选择、迅速的交货期及强大的技术支持确保了邦纳行业领先者的地位。依托邦纳的研发平台，以及邦纳在制造、交通、汽车、食品、制药等多领域的行业经验，邦纳为中国用户提供不同层面的自动化应用整体解决方案。

“不好意思，来迟了。车子被堵在小区里开不出来。”邦纳市场部钱经理略带歉意地说到，说起停车问题，钱经理拉开了话匣子：“我们小区，现在已经是车满为患。晚上，车子到得迟的，就要停到小区四周的马路上，而到得早的，比如昨天就被堵住了。另外，因为停车问题，小区一些绿化带也被破坏了，一些人尤其是老年人对此意见很大，经常投诉有车一族，甚至发生划车案件，给治安带来了隐患。车子本身带来污染，又破坏了净化空气的绿化，也挺理解老年人的，但是我们没有车肯定是不行的。不光是我们小区，现在一些大型商场、大型综合体都面临停车位的问题，所以现在发展占地少、容量大的场内停车设施越来越多地成为缓解城市停车压力的主要手段。”

停车场面临的问题体现停车诱导系统的价值

目前，国内大部分停车场还处于原始的人工管理阶段，无论对需要停车的车主还是对停车场的运营者都造成了极大的困扰。

车主进入停车场后，不知道到底哪里有空余的停车位，盲目地在停车场内低速流动寻找车位，既容易造成停车场通道的拥堵，又增加车辆的油耗，污染空气。

停车场内空间复杂，结构类似，车主往往会被立柱和已停放的车辆阻碍视线，无法及时发现空余车位，常常误入无车位的死胡同，甚至不断地浪费时间兜圈子。

邦纳市场部钱经理提到：“有一次到虹桥接人，我把车子停在停车场，忘记去记车位，结果接了人，却找不到车子，足足找了半小时，着实尴尬。”

管理者无法实时获取停车场内的车位使用情况，只能不断地派遣人员进行人工勘察，又浪费人力物力，又无法保证车位信息的准确性和实时性，停车场的利用率十分低下。

正是基于这些场内停车场存在的问题，特别需要有一套实时检测系统来帮助管理者。通过使用这套系统，可以提升整个停车场的智能化和信息化程度，将原来需要人工处理的问题交由智能设备处理，既节省了大量的人工成本，又保证了各种数据的及时、准确、有效。车主可以通过各类引导设备快速、自如地寻找到空余车位，节省大量时间，对整个停车场产生良好的印象，这套系统就称之为停车诱导系统。

无线诱导系统更具优势

传统的停车场都使用有线的专用传感器采集每个泊位的状态，并将采集信息通过 RS-485 通讯反馈到车位显示灯及节点控制器。节点控制器是车位探测系统的中间层，用于对车位检测传感器进行分组管理，循环检测所辖传感器的信息，并将有关信息传到更上一级的中央控制器。当车库面积较大，分层较多时，就需要依据实际状况进行分组。将整个停车场分割成一个一个小区块，这样就有多个现场节点控制器共存。中央控制器是整个系统的核心，主要用于负责整个停车场车位信息的采集与数据处理，实现智能计算和智能判别，并将处理结果反馈到 LED 引导屏进行车位信息的显示。在各个转向岔路处都会设有 LED 引导屏，引导屏接收中央控制器的车位信息，用数字和文字形式实时显示所连接区域当前空闲车位数量，可 24 小时全天候使用。另外还可以根据用户要求随时修改，显示用户需要的其他信息。为了方便驾驶者提前做出停车决定，还可以将各个停车场内车位占用信息发送至智能城市网络专用服务器，驾驶者利用 3G 网络和电子地图，可以直观地实时了解停车场车位使用情况。另外对于管理者，也可以直接根据电子地图实时来监控车场状况。

针对传统的有线解决方案，邦纳公司隆重推出既可以埋于地下又可以贴地安装的无线地磁传感器，同时利用无线技术实现全系统无线互联。对于系统集成商而言，简化工程设计，减轻设计人员的工作量（特别现场勘测线缆走向），又无需架设桥架布线，人力成本和工程周期大大缩减。未来按需增加监测点，安装和扩容灵活方便。对于终端用户而言，故障出现时，检修点较集中，极大地降低现场设备维护人员的劳动强度。因此，无线技术在停车诱导系统中扮演着重要的角色。

邦纳无线地磁传感器特点

一般情况下，无线地磁传感器安装于每个停车位上，通过定期检测周围空间磁场的变化是否超过预先设定的信号输出阈值，来感知是否有车辆停靠，只有当出现前后状态不同时，才会通过无线网络将信息上传至现场节点控制器。这就是所谓的“逢变发送”的工作模式，这样既可以保证数据实时性，又能够最大程度上延长电池使用寿命。

为了满足各种地区的使用要求，内置智能算法，具备自主学习能力。当现场地磁场水平因季节变化发生差异时，能够重新校准基准值，动作阈值同步调整，无须用户干预，保证可靠检测，检测不受温度变化、潮湿、尘土，或其他环境的影响。另外，传感器全封装 IP69 防护等级，具有更好的环境适应性。考虑到停车位上车辆停的方向以及是否有歪斜，以及越线停车等各种可能性，邦纳无线地磁内置 6 级滤波，实现精细控制，防止外部瞬间干扰引起的误动作。同时还内置 7 级动作输出阈值多级设置满足检测不同大小车型的要求，适用性更广。室外安装无线地磁传感器时，既可以埋地，又可以装在保护壳内贴地安装。

邦纳无线地磁传感器组网方案

为了提高网络使用效率，在无线技术中采用了点对多点的组网技术，实现单个网络最大支持 47 个无线地磁传感器。由于单个停车场的车位有时可以达到几百，甚至上千个，所以为了能够让无线网络覆盖整个停车场，需要对停车场进行区域划分，形成若干个独立的子网络，每个子网络由一个邦纳 SHP 控制器进行数据预收集，同时将本区域空车位数量传送给 LED 引导屏，方便车主选择停车位。

利用第二级无线网络将各个无线地磁传感器子网络汇聚在一起，从而将整个停车场置于全监控状态下。为避免网络之间的互相干扰，邦纳无线技术采用了全世界最优秀的跳频扩频和时分多路技术。

凭借全区域覆盖的移动通信网络和大力建设中的城市光纤网络，更多的车主能够依靠智能手机 APP 提前知道所在位置附近或目的地周边的停车场空车位信息，使得综合城市

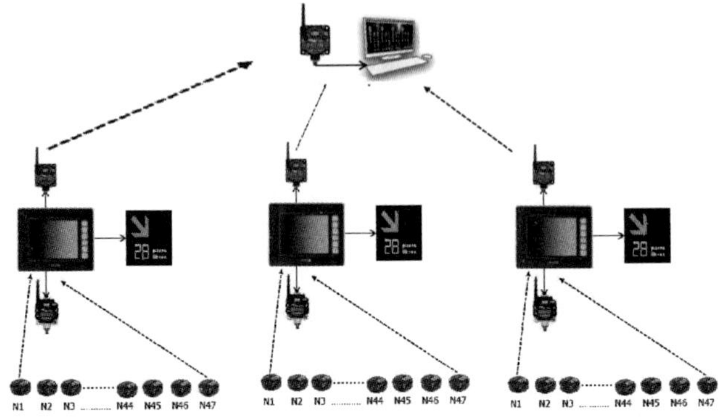

图 4.7 邦纳无线地磁传感器组网方案

智能交通系统成为可能，每个车主能够通过智能终端设备快速决定去哪一个停车场，实现一场停车场智能化的革命。

邦纳公司从 2006 年开始推出无线产品，迄今为止已经在 20 多个国家安装了十几万只无线地磁传感器。其中单个最大的项目是法国的某一购物中心，提供了总计 2500 个传感器用于停车诱导系统（见图 4.7）。邦纳公司凭借技术性能优良的工业无线网络产品和传感控制系统，正在中国市场大力推进城市停车诱导系统使用无线技术。

评 价

截至 2015 年底，我国汽车保有量达 1.72 亿辆。近些年，随着大型商场、大型综合体、大型交通枢纽的出现，对于大型停车场的需求也越来越多，这为停车诱导系统带来广阔的市场前景。无线停车诱导系统的广泛推广应用，将给有车一族带来福音。具有无线诱导停车系统的智能停车场将构成智能城市的一部分。

4.10 案例10：企业版的“AlphaGo”

工业 4.0 的标志是制造业和互联网的深度融合，智能装置、智慧工厂、智能产品、智慧物流是工业 4.0 的特征所在。

上海步科自动化股份有限公司专注于工业自动化产品的研发、生产、销售和技术服务，为工业自动化设备制造商提供整体解决方案，公司以“为全球客户提供中国人的自动化解决方案”为使命。为应对工业 4.0 提出的挑战，步科一直在坚持投入大量资源进行自动化技术和智能化技术平台的研发，并在上海、深圳和北京等地设有研发机构。公司已拥有涵盖控制、驱动、人机交互、通讯和机电一体化设计等各方面的自动化技术平台和智能制造解决方案，并拥有多项专利和软件著作权。

步科从 1996 年到现在，先后引入了很多管理工具，做了很多管理，但大部分管理的目的是实现从上到下的控制，从战略执行的控制，到财务预算控制，销售业绩控制等等。事实证明，这些控制手段让步科实现有序的运营，财务保持良好的状况，持续稳健盈利，人员基本稳定。但在中国进入新常态的过程当中，步科面临着很多新的挑战，老产品销售增长乏力，利润下滑；客户需求多样化，研发生产流程冗长。

“当步科有幸成为生存 20 年以上的少数企业之后，80 后和 90 后的员工比重越来越高。他们自我认知强，有时乖巧有时叛逆、乐于接受新的事物、敢于尝试；喜欢自己所喜

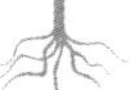

欢的。我们之前认为常规的管理好像过时了，步科也期望尝试着改变。”步科董事长唐董笑着说：“老板是给员工打工的。”

现在经济环境在发生大变化，新员工的特点也发生了大变化，在双重因素促使下，步科在 2014 年拉开了改革的序幕。

正确的市场定位

当小米模式风行全国的时候，工控行业也在期待着属于自己的工控小米时代的到来。但步科清晰地看到了其中的差异：小米和苹果走的是海量单品策略，而工控行业由于其客户分布在工业领域里的各行各业，细分领域非常多，单品策略是根本行不通的。欧姆龙在上海的工厂有 25 000 个产品，工控行业要做大就必须做多！

做多，针对不同细分行业的用户做定制产品，这不正是符合工业 4.0 的精神吗？步科确定了继续在工控行业做细做深的战略，因此也就根据市场以及步科的实际情况进行了改变。

部门墙墙倒众人推

“好不容易拿到了用户的定制化需求，提交到公司后很久都得不到回音。原因是量太小，未来的市场又不确定，很难评估是否需要给客户定制。一拖就把客户给拖黄了。这种情况经常出现对兄弟们打击很大，特别是新来的。”步科上海办事处潘经理说起过去的经历，仍然愤愤不平，“不过，现在完全没这问题了！我们的需求提交之后，产品部门就有产品经理主动配合我们进行技术评估，回访客户，细化需求，评价项目，行和不行都决策很快，即使不行客户也会觉得我们很专业。”“以前大家都躲在自己的部门墙下，现在大家都巴不得翻过去。”潘经理补充到。

步科是怎么做到的呢？

优秀的顶层设计

谈起新时代下的企业组织再造，“游戏化和生物化组织”是步科唐董事长经常挂在嘴边的名词。唐董介绍，为了适应时代适应市场，步科尝试进行全新的顶层设计。首先，变革发生在销售部门——销售部游戏化管理变革尝试，按部落来设计步科的销售体系。把 18 个办事处改成部落，把经理改成首领，部落内部的奖励、惩罚都由部落自己决定。在步科，部落是一个非常有权利的一个自组织单位。但是，部落与部落之间不是不变的，要兼并，让部落像生物一样自动淘汰、自动进化。步科将工作设计成挣 K 币，设计各种规则和流程，帮助比较年轻的首领成长。唐董认为，只有打破薪酬的层级制度跟权威制度，才能真正在公司里面打破权威制度和层级制度，所以进行了销售部薪酬体系深化改革，把销售能力和技术能力进行一些分析，用游戏化的思路，给他加上等级，以等级的高低来衡量他的基本工资。

“在调动起销售部门的积极性之后，我们顺理成章的将产品部门进行了生物化变革。产品开发是为了满足人们使用产品的需要，所以将产品部进行去职能化，按照产品线，把公司的产品部分成一个个细胞组织，然后由负责产品的人自

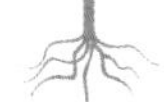

主运营这个细胞组织。产品团队根据销售的历史记录判断其提交的定制需求的可行性，形成一定的约束性。同时，新产品面试第一年销售额的10% 归产品团队所有。为了避免产品团队的惰性，第二年开始收益迅速下降，激发起产品团队不断响应市场不断开拓定制产品的积极性。现在我们的产品团队和销售团队实现了连通，几乎所有的销售都是技术型销售，定制流畅。”唐董如此解释步科的“生物化”变革。

当定制输入后，定制产品的快速高质量的制造成了关键环节，智慧工厂部落成为了步科的选择。为了更好地衔接，智慧工厂部落有别于其他部落，由多部落代表整合而成，有人机界面部落、运用控制部落、软件部落、PLC 部落，囊括了步科的全部研发部落以及生产部落。

落地的智能制造

这一切源于步科根据实际情况，顶层设计时提出四条原则：

第一条：人、机、信息数据的结合。人作为最具柔性的环节，智慧工厂的目标不是黑灯工厂，而是追求人、机与数据的完美结合。

第二条：整体去中心化。软硬件整体设计要求去中心化，分散式的控制理念。

第三条：硬件模块化。

1、模块化设计，必须秉承模块化设计理念。

2、功能简约，模块功能简约化。

3、群氓智慧，模块化的基础上深植群氓智慧的基因。

第四条：软件智能化。软件核心自学习的优化算法，是智能化的点睛之笔。

根据以上原则，首先是整个生产制造体系的信息自动传输与反馈，着手导入工厂信息化软件系统，利用信息化软件系统将信息化从办公室延伸到车间，从间接人员延伸到一线操作员工。在生产现场安装智能终端后，已经实现了现场作业的无纸化，支架式安装专为产线而设计，安装更方便，走线更安全，完美实现了人、机、信息数据的交互和协作。新的智能电子看板集成了实时的数据更新、人机交互、现场会议等功能，配合智能终端实现了安灯系统，保障了数字化透明工厂的落地。

其次，实现了智能立体库。精益的空间管理是精益管理不可或缺的一环。步科的立体库根据员工习惯操作高度，将立体库划分为人工拣货区和自动存货区。每时每刻，不分白天黑夜，智能立体库运用自学习的优化运算 WMS 软件以及出库计划及预测，通过创新设计的搬运机械手，将 80% ~ 90% 的工厂产品常用物料从存货区移动到人工拣货区，拣货时只需工单信息系统触发拣货区的智能亮灯拣货系统，按照亮灯系统的灯光提示进行拣货。AGV 则负责站点之间的自动运输。步科的理念是，实现人、机与数据完美结合，形成一套高效的存储与拣货解决方案。

市面上对汽车、家电等高自动化行业的工业 4.0 方案很多，但是在步科所在的电子组装行业，以及其他中小型制造，处于无案可循的阶段。不少厂家已经开始到步科参观交流，作为步科工厂的生产总监，老曹在接待企业来访时，总会如数家珍地列出一些数据：备料周期从 48 小时缩短为 8 小时；车间无纸化落地；研发、工艺、生产数据得到贯通；成品库存下降 20% 等等，老曹已经把步科的生产部落变成了一个实验基地，变成了一个让工业 4.0 落地的创新基地，并且乐在其中。

产品的难度越来越大，唐董的工作却更轻松了，而且步科的盈利能力在逐步上升。

评 价

步科不但成功将内部组织改造成适应定制化产品的市场需求，而且做到了面对定制化产品将备料周期从 48 小时缩短为 8 小时，车间无纸化，研发、工艺、生产数据得到贯通，成品库存下降 20% 等。

未来的智能制造将通过 SMAC（Social，Mobile，Analytic，Cloud）的方式对市场营销产生重大影响，工厂将会直接面对电商客户（C2M）。

步科下一步将打造电商与工厂一体化、客户和工厂一体化的样板工厂。步科未来的工厂的管理将结合人工智能，实现 AI+ 互联网工厂。我们相信这是未来云制造的方向，未来的制造企业，不是制造公司，而是技术公司，未来的优势是技术。云工厂是中国的一个方向。

2016 年，谷歌的机器人阿尔法狗与李世石的人机大战，震撼了整个社会。人工智能已经可以在某些领域突破人类智慧的极限了！云工厂加上生物化组织是否可以成为企业版的“AlphaGo”？

结束语：
创造价值甚于效率的提升

中国制造 2025 的提出，是基于中国产业落后、产能过剩、形态散乱、参差不齐的国情。在此情况下，中国的企业都使出浑身的解数，希望能在时代浪潮的竞争中胜出。在创新能力欠缺或创新收益周期漫长的情况下，提升效率成了众多企业提升竞争力的不二选择。

集成、网络、互联是趋势，很多企业也对此投入了很大的资金、时间，而不愿意去做原创性的研发投入。但是我们注意到最近网络上对长期保持高强度的研发投入并且也获得丰硕回报的华为的极大认同，它反映出了这个时代对创新的认可，反映出了创新的价值。

因此，在工业 4.0 风潮下，在我们执行从 1.0 升级到 2.0，从 2.0 升级到 3.0，从 3.0 升级到 4.0 的各个项目过程中，我们仍然要关注我们最最核心的竞争力，那就是创新，切勿因工具创新带来的效率提升获得阶段性的竞争优势，而忽略了对创新的投入和重视。

无论这个世界如何变化，创新是永恒的主题。

产品的创新、产品的研发是源泉，互联是手段，是放大器。皮之不存毛将焉附、巧妇难为无米之炊。我们必然要重视产品的创新和研发，产品的创新和研发是要基于客户、基于用户、基于人性的需求，无论乔布斯是如何的偏执，我们需要清醒地透过现象看到本质：苹果手机的成功说明乔布斯的设计是符合客户的需求的。

客户永远至上，创新永远是核心！

与中国制造业共勉！

致谢

这是睿工业基于对工业行业研究以及工业 4.0 实施的一线调研成果而成的一本书。

在成书的过程中我们得到了机械工业出版社邢海涛老师的大力支持和协助，在此表示最诚挚的感谢！西门子中国的赵海英女士、浙江中控的陈伟先生、研华中国的邓斌先生、美国邦纳的钱俊毅先生、上海步科的顾江磊先生等在本书撰写过程中提供了非常多的素材和建议，在此一并感谢！对其他提供帮助但在这里不能一一述及的业内人士同样表示由衷的感谢！

睿工业对本书做出贡献的有：冯晋中、李鑫、谷金萍、朱盼刚、史晓亮、袁宝剑和管军。对于大家的贡献，本书的出版就是最好的回馈！

成书的过程略显匆忙，书中错误在所难免，希望读者能不吝指出并告诉我们。

本书无意侵犯任何人的权益，如发现存在疏漏之处，请与我们联系，我们将在本书再版时予以修正。

大家可以通过关注以下二维码，获取相关最新信息。

睿工业 mirruigongye

《流程工业》

西门子

研华 yhzndqdts

邦纳

步科

中控集团

参考文献

1. 著作图书

[1] 周凯歌，卢彦 . 工业 4.0: 转型升级路线图——中国制造 2025 背景下互联网 + 制造业的融合与重构 [M]. 北京：人民邮电出版社，2016.

[2] 李乐平 . 工业 4.0：中国式工业 4.0 的转型之路（图解版）[M]. 北京：北京理工大学出版社，2016.

[3] 张小强 . 一本书读懂工业 4.0.[M] 北京：人民邮电出版社，2015.

[4] 吴为 . 工业 4.0 与中国制造 2025 从入门到精通 [M]. 北京：清华大学出版社，2015.

[5] 乌尔里希·森德勒 . 工业 4.0 即将来袭的第四次工业革命 [M]. 邓敏，李现民，译 . 北京：机械工业出版社，2014.

[6] 辛国斌 . 智能能制造探索与实践：46 项试点示范项目汇编 [M]. 北京：电子工业出版社，2016.

[7] 夏妍娜，赵胜 . 工业 4.0：正在发生的未来 [M]. 北京：机械工业出版社，2015.

2. 电子文献

[1] 工业 4.0_360 百科 [EB/OL]. http://baike.so.com/doc/7306946-7536501.html.

[2] 一点资讯 . 中国时代性的革命——工业 4.0[EB/OL]. 每日科技网，http://www.newskj.org/yw/2016042157915.html.

[3] 新浪广西 . 海尔建成全球首个智能互联工厂 . 工控网 [EB/OL].http://gongkong.ofweek.com/2015-02/ART-310045-8120-28930705_2.html.

[4] 茅洪斌 . 世界第四次工业浪潮——工业 4.0. 新浪博客 [EB/OL]. http://blog.sina.com.cn/s/blog_5e3b679b0102vj77.html.

[5] 中国光伏行业现状 . 豆丁网 [EB/OL]. http://www.docin.com/p-728892894.html.

[6] 《中国制造 2025》解读之：推动海洋工程装备及高技术船舶发展 . 中央政府门户网站 [EB/OL]. http://www.gov.cn/zhuanti/2016-05/12/content_5072766.html.

[7] 我国新能源汽车开发计划和政策 . 陆地方舟 [EB/OL]. http://gw.greenwheel.com.cn/2013/3157.html.

[8] 新能源汽车新闻 EVmp. 今日干货 . 吉姆西或成首家“骗补”企业 [EB/OL]. 搜狐 .http://auto.sohu.com/20160325/n442114233.shtml.

[9] 小生 . 盛大十年沦落谁的错？中国经营网 [EB/OL]. http://www.cb.com.cn/companies/2014_0408/1052854.html.

[10] 郑重 . 孚日股份从家纺到光伏：跨界淘金遭遇陷阱 赔掉 2.3 亿 . 凤凰财经 [EB/OL].http://finance.ifeng.com/a/20141129/13315995_0.shtml.

[11] 黄鑫 . 工信部公布《关于开展 2015 年智能制造试点示范专项行动的通知》[EB/OL]. http://www.cssn.cn/dzyx/dzyx_jlyhz/201503/t20150320_1555050.shtml.

[12] 中国制造 2025_360 百科 [EB/OL]. http://baike.so.com/doc/8385315-8703052.html.